결혼과 동시에 부자 되는 **커플리치**

결혼과 동시에 부자 되는 커플리치

초판 1쇄 발행 2012년 7월 5일
초판 9쇄 발행 2012년 11월 5일

지은이 이천

펴낸이 손은주 펴낸이 이선화 마케팅 손은숙 경영자문 권미숙
디자인 [★]규 일러스트 홍원표

주소 서울시 마포구 공덕동 105-7 서부법조빌딩 6층
문의전화 070-8835-1021(편집) 경영자문 02-394-1027(마케팅)
팩스 02-394-1023
이메일 bookaltus@hanmail.net

발행처 (주)도서출판 알투스
출판신고 2011년 10월 19일 제25100-2011-300호

ⓒ 이천 2012
ISBN 978-89-968088-2-4 03320

※ 책값은 뒤표지에 있습니다.
※ 잘못된 책은 구입하신 곳에서 바꾸어드립니다.

결혼과 동시에 부자 되는

커플 리치

COUPLE & RICH

이천 지음

알투스

성공한 결혼이란
훌륭한 상대를 찾는 것이 아니라,
훌륭한 상대가 되는 것이다.
리처드 브리크너

부자 되는 결혼이란
부자가 될 상대를 찾는 것이 아니라,
부자가 될 상대가 되는 것이다.
이 천

돈걱정만 하지 말고, 돈 버는 커플이 돼라

나는 매일 고객을 만나 재테크 상담을 하고 재무설계를 한다. 그러다가 때로는 고객들의 인생상담까지 하게 된다. 오랫동안 이 일을 해오면서 최근에 느낀 점은, 40대 이상 중장년층의 노후에 대한 두려움과 돈걱정이 날로 커져가고 있다는 점과, 만 19세인 대학 신입생까지 재테크가 필수라는 마인드를 갖게 되었다는 점이다. 그만큼 먹고살기가 힘들어졌다는 의미일 것이다.

하지만 재무설계 전문가인 내가 가장 중요한 문제로 생각하는 것은 돈이 아니다. 진짜 문제는 '돈'이 아니라 '돈걱정'이다. 돈에 대한 지나친 집착과 두려움, 걱정과 불안이 개인의 인생을 얼마나 힘들게 만들고, 희망을 빼앗고, 비전을 갖지 못하게 하는지 수많은 고객과의 상담을 통해 깨달았기 때문이다.

다른 어떤 케이스보다 나를 답답하게 하는 것은, 결혼을 목전에 두었거나 2~3년 안에 결혼하겠다는 계획을 세운 남녀 고객들의 결혼에 대한 생각과 돈걱정이다. 사실, 요즘 젊은이들은 결혼에 대한 환상은 별로 없는 것 같다. 대부분 20~30년 전보다 훨씬 현실적이다. 그저 사랑에 눈멀어 그 사람과 결혼하면 마냥 행복하게 살 거라는 생각은, 결혼을 앞둔 그 누구도 하지 않는다.

결혼에 대한 환상이 줄어든 만큼, 결혼 후 재정에 대한 환상도 예전처럼 크지 않다. "알뜰하게 살림하고 저축해서 부자 될 거예요"라고 말하는 예비신부도, "앞만 보고 달려서 열심히 벌어볼 거예요"라고 말하는 예비신랑도 없다. 대신 "도대체 몇 년 후에나 내 집을 장만할 수 있을까요?"라는 허탈한 물음과 "아이를 둘 낳으면 교육비, 생활비 빼고 얼마나 저축할 수 있을까요?"라는 걱정스러운 질문이 상담 때마다 빠지지 않는다.

무엇보다 이제 막 웨딩마치를 올릴 예비부부가 두 손 꼭 붙잡고 "노후에 돈걱정 없이 살려면 노후자금을 얼마나 모아야 할까요?"라고 물어올 때 나는 가슴이 답답해진다. 모두들 결혼과 동시에 '돈걱정'부터 하고 있는 것이다.

어디 그뿐인가. 결혼날짜를 잡자마자 혼수, 예단, 예식, 패물, 신혼여행, 신혼집 등 돈 먹는 하마들을 줄줄이 세워놓고 걱정한다. 신혼여행에서 갓 돌아온 커플들은 출산, 육아, 집 장만, 부모님 효도비용, 노후대비 등 돈 먹는 공룡들을 줄줄이 대기시켜놓고 또 걱정한다. 돈걱정 때문에 결혼의 진정한 의미마저 퇴색되어가고 있다. 그렇다고 이렇게 돈걱정을 하면서 돈을 제대로 모으는 것도 아니다. 돈에 대한 가치관을 제대로 정립하기 위해 노력하는 것도 아니다.

수많은 미혼남녀를 만나 그들의 이야기를 듣다 보면, 재무설계 전문가이자 인생선배로서 돈에 대한 생각을 좀 바꿨으면 하는 바람이 생긴다. 돈은 걱정한다고 생기는 게 아니라, 벌고 모으고 불리고 키우면 되는 것 아닌가.

이것이 바로 내가 이 책을 쓴 이유다. 돈걱정에 나날이 생기를 잃어가는 미혼남녀들에게, 돈걱정에 그 찬란한 젊음과 미래를 저당잡히지 말고, 결혼도 제대로 현명하게 하고 돈도 제대로 알차게 모으고 불려서 새로운 인생의 시작을 좀더 의미있게 할 수 있는 방법을 알려주고 싶다. 결혼 전인 남녀들에게는 3년 안에 자신이 계획한 결혼자금을 효과적으로 모아서 알찬 결혼식을 올리고, 이제 막 결혼한 커플들에게는 결혼 전보다 더 빨리 경제적 안정을 찾아 둘이 함께하는 인생의 즐거움을 온전히 느낄 수 있는 방법에 대한 현실적인 힌트를 주고 싶다.

지금 결혼을 준비하고 있는 커플에게는 '결혼식'이 아닌 '결혼'을 제대로 준비하라고 충고하고 싶다. 30분도 채 안 되는 결혼식을 준비하느라 부모님 노후자금까지 헐어 쓰지 말고, 남들에게 보여주기 위한 모델하우스도 아닌데 빚까지 내서 번듯한 신혼집 마련할 생각 하지 말고, 평생을 함께할 배우자와 앞으로 어떻게 살아나가고 어떤 미래를 준비할지 즐거운 고민부터 해보자고 말이다. 결혼과 동시에 빚쟁이가 되어 평생 빚을 떠안고 살면서 돈걱정에 인생을 허비하지 말자는 이야기다.

돈걱정이 지겹다고, 결혼해서까지 돈걱정하면서 살고 싶지 않다고, 돈 많은 상대를 찾으려 애쓰지 말자. 나는 부자 되는 결혼이란 '부자가 될 상대를 찾는 것'이 아니라, 내가 먼저 '부자가 될 상대가 되는 것'이라고 생각한다. 그래서 이 책에서 결혼을 앞둔 이들이 생각해보아야 할 돈과 결혼에 대한 의미와 더불어 커플이 함께 돈을 모으고 불리는 재테크 프로그램을 소개하기로 했다.

WAM(Wedding Asset Management)이 그것이다. 거창하게 들릴지 모르지만, 실제로 내 고객 중 미혼인 이들을 상담하면서 가장 중점적으로 제안한 방법이자 가장 기본적인 재테크 기술이다. 나는 감히 이것만 제대로 실천한다면, 더 나아가 이 프로그램을 배우자와 함께 실행한다면 '남부럽지 않은 작은 부자'로 돈걱정 없이 살 수 있을 거라고 자신한다.

이 책은 세 커플의 이야기로 시작한다. 이름은 모두 가명이고 자산 포트폴리오도 당시와는 조금 다르게 설정했지만, 실제 나의 고객들이었다. 지금은 연락이 끊긴 커플도 있고, 지금도 내 강연에 찾아오는 커플도 있다.

이 커플들의 이야기로 책을 시작한 이유는, 오랫동안 수많은 미혼남녀를 만나 상담을 하면서 이들의 이야기가 가장 보편적이고 또 상징성을 띤다고 판단했기 때문이다. 독자들도 이 세 커플의 이야기 속에서 자신 또는 배우자의 모습을 발견할 수 있을 것이다.

결혼을 앞둔 이들에게 이 책이 큰 부자가 되는 마법을 부려줄 수는 없겠지만, 적어도 돈걱정에서는 놓여나 젊음과 신혼을 맘껏 즐기고 진정한 미래를 설계하는 데 작은 디딤돌이 되길 바란다.

2012년 6월
이천

CONTENTS

돈걱정만 하는 찌질이커플이 아니라, 돈 벌고 모아서 부자 되는 알짜커플이 되자.
결혼하고 싶다면, 결혼계획이 있다면, 지금 당장 WAM을 실천해 결혼과 동시에 부자 되는 길로 들어서보자

006 돈걱정만 하지 말고, 돈 버는 커플이 돼라 _프롤로그

Chapter 1 속궁합보다 돈궁합이 먼저!

WAM : WAM을 함께 실천할 배우자를 택하라

019 허리띠 졸라매며 평생 아웅다웅 살겠다고? 영원한 서민커플 이야기
026 인생 뭐 있나, 신나게 한번 살아보겠다고? 위험한 폼생폼사 커플 이야기
034 돈 쓰러 다니는 것보다 돈 모으는 게 더 재미있다? 부자 될 똑똑커플 이야기
042 영원한 서민으로 살 것인가 서민커플, 희망을 배우다
052 한방에 훅 갈 수도 있다 폼생폼사 커플, 미래를 읽다
057 돈 모으면서 꿈도 키운다 똑똑커플, 비전을 갖다

Chapter 2 상견례보다 결혼날짜가 먼저!

WAM : 배우자가 없어도 결혼 디데이는 잡아라

065 목표 없이 이루어지는 꿈은 없다 가상의 결혼날짜부터 잡아라
070 결혼 디데이까지 치밀하게 돈을 굴려라 결혼을 위한 자산모드로 전환하라

Chapter 3 결혼준비보다 부자 될 준비가 먼저!

WAM : 결혼비용을 아껴 평생 자산화하라

- 085 웨딩드레스가 화려할수록 결혼생활은 구질구질해진다
- 090 빚지고 시작하는 신혼은 평생 빚잔치를 예고한다
- 096 신혼집이 분수에 넘치면 부자 될 싹수는 안 보인다
- 101 함께하면 행복도 '복리'로 늘어난다
- 106 '결혼식'은 결혼의 시작이지 끝이 아니다
- 113 부모에게 기대면 부모 부양의 부메랑을 맞는다
- 117 신혼여행은 비즈니스 출장처럼 가라

Chapter 4 결혼식보다 통장결혼식이 먼저!

WAM : 통장결혼식이 빠를수록 일찍 부자가 된다

- 127 신혼, 통장플랜부터 제대로 짜라
- 133 주도권 싸움 말고, 돈에 밝은 사람에게 통장을 맡겨라
- 138 마음이 맞아야 돈도 자산이 된다
- 145 통장, 버리고 쪼개고 만들고 이름표도 달아라
- 152 서로 모르는 비밀통장 하나쯤은 필요하다

Chapter 5 신혼의 달콤함보다 돈 모으는 달달함이 먼저!

WAM : 부자로 살기 위한 기초지식부터 갖춰라

161 재테크에도 요요현상이 있다
169 내게 딱 맞는 금융상품을 고르는 기준이 있다
176 발품도 팔고, 새가슴도 적극 투자해야 한다
183 대박 꿈꾸며 주식하면 쪽박 차게 된다
189 아이가 초등학생 되기 전에 대출받아 집 살 필요는 없다
197 효도비용, 작게 시작해야 더 큰 효도를 할 수 있다
202 밥을 굶어도 평생 여가전용 통장은 만들어라

Chapter 6 싱글의 목돈보다 커플의 푼돈이 먼저!

WAM : 푼돈도 부자처럼 투자하라

209 입출금통장에 든 푼돈까지 신경써야 하나요?
   푼돈 우습게 알면 평생 돈걱정하며 살게 됩니다

218 예금과 적금, 이자 많이 주는 게 최고 아닌가요?
   세금부터 따져보고, 복리라는 말에 현혹되지 마세요

228 보험, 믿을 수 있는 사람한테 드는 게 제일 아닌가요?
믿을 만한 보험인지 아닌지는 스스로 판단해야 합니다

236 연금저축 가입은 직장인의 필수잖아요?
당신은 연금저축의 타깃고객이 아닐 수도 있습니다

242 결혼자금이 부족한데 변액연금은 해약해야겠죠?
결혼비용을 줄이더라도 변액연금은 해약하지 마세요

251 청약통장, 무조건 만들어야 하는 거 아니에요?
청약통장으로 내 집 마련하는 시대는 지나갔습니다

256 어떤 펀드가 좋은지 창구 직원한테 물어보면 되나요?
딱 세 가지만 제대로 알면 최고의 투자상품이 펀드입니다

265 ETF, 정말 주식보다 덜 위험하고 펀드보다 낫나요?
단돈 만 원으로 지금부터라도 시작해보세요

272 결혼자금 외에 목돈이 좀 있는데 어떻게 굴려야 할까요?
목돈 재테크의 대세 ELS에 관심을 가져보세요

282 저자의 재테크 관련 사이트 즐겨찾기 _ 부록

286 커플리치는 부부창업으로 완성된다 _ 에필로그

291 커플리치의 꿈을 이루어줄 재무설계 상담권

까불지 마라
사랑은 밥 안 먹여준다
...

찜해놓은 남자가 부잣집 아들인가?
내 여자가 될 그녀가 고액연봉자인가?
아니면 그저 사랑 하나만 믿고 결혼할 것인가?
배우자를 선택할 때 정말 중요한 것은
고액연봉도 사랑도 아니다.
평생 즐겁게 일하며
함께 WAM을 실천할 수 있는 사람인가 아닌가다.

Chapter 1

속궁합보다 돈궁합이 먼저!

WAM : WAM을 함께 실천할 배우자를 택하라

허리띠 졸라매며 평생 아웅다웅 살겠다고?

영원한 서민커플 이야기

박카스 박스를 들고 약간 겸연쩍은 표정으로 상담실 문을 열고 들어선 김경남(32세) 씨. 중소기업에 근무하는 그는 나의 오랜 고객인 K부장의 부하직원이자 고향후배였다. K부장은 착하고 성실하며 직장 내에서도 믿음직한 이미지로 평판이 좋은 김경남 씨의 근면성실함을 아껴, 꼭 한 번 만나서 조언을 해주라고 나에게 신신당부했다.

"참 착한 친군데, 너무 정석이라 안타까워요. 요즘은 재테크도 좀 할 줄 알고 빤질빤질한 구석도 좀 있어야 하잖아요. 커피 한 잔 값도 아낄 정도로 소문난 구두쇠인데, 그렇게 아끼고 안 쓰는 원칙만 지켜서는 요즘 같은 세상에선 돈을 불릴 수 없다는 걸 알게 해주고 싶어요. 이 친구가 곧 결혼을 한다니까 더더욱 그렇네요. 제가 그 친구보다 15년쯤 더 살아오면서 절감한 건, 이런 고지식한 친구들이 결국은 영리하게 제 잇속 챙기는 사람들에게 추월당하고 마는 게 세상살이라는 건데…… 제가 정말 아끼는 후배라 꼭 한번 상담을 받게 해주고 싶어요."

K부장은 십수 년 동안 재테크 상담을 성실하게 받으면서 월별·연도별 자산관리 포트폴리오를 꼼꼼하게 체크하는 사람이라, 이제는 재테크 고수로 주변 지인들을 상담해주기까지 한다. 농촌 출신으로 서울에 기반이 전혀 없어서, 청년기에 서울에서 직장생활하며 자리를 잡기가 남들보다 더 어려웠다. 그래서 고향후배를 챙기는 마음이 더 각별했을 것이다.

딱 박카스 한 박스 같은 이미지의 경남 씨와 한 발짝 뒤에 따라들어온 그의 예비신부 이미애(29세) 씨. 그녀 또한 수줍음이 많은 사람 같았다. 요즘 유행과는 거리가 멀어 보이는 평범한 흰색 블라우스와 감색 스커트는 그녀가 평소에 얼마나 단정한 사람인지 그대로 보여주었다.

두 사람과 조금은 어색한 인사를 나누고, 먼저 경남 씨에게 몇 가지 기본적인 내용을 물었다. 그가 조심스럽게 자신의 이야기를 시작했다.

"저는 상경해서 고학으로 대학 마치고, 취업해서 6년 동안 한 직장에 다녔어요. 정말 안 쓰고 줄이고 빼고 해서 모은 돈이 4천만 원입니다. 통장은 다섯 개 갖고 있습니다. 청약저축통장, 예적금통장, 입출금통장이 있고 CI보험에 매달 17만 원이 들어가죠. 펀드는 동료들 따라 한 번 들었다가, 석 달 만에 증시가 심상치 않아 도로 빼서 원금만 간신히 건졌어요. 그때 같이 가입했던 우리 팀 동료 세 명은 2년 만에 다들 조금씩 손해를 보고 뺐어요. 저는 미리 빼길 정말 잘한 것 같아요. 손해 안 본 게 얼마나 다행인지…… 저는 그동안 한 번도 손해본 적이 없어요. 친구들은 주식 한다고 보너스를 통째로 날려먹기도 했지만요."

더할 수 없이 성실한 사람이라 아끼는 방법에 대해서는 조언해줄 게 없을 것 같았다. 하지만 아쉬웠다. 참 새가슴이다 싶었다. 10원짜리 하나라도 자기 돈 귀하지 않은 사람이 있을까마는, 이렇게 젊고 성실한 사람이 원금 보존하는 데만 집착하다니…… 안타까웠다. 물론 그의 어렵고 외로웠던 성장배경을 안 후에는 이런 소신이 이해가 되기는 했지만.

경남 씨와 같은 투자 유형의 사람들 눈에는 오로지 '투자해서 잃은 사람'만 보인다. 주식이든 펀드든 변액보험이든 뭐든, 다 원금을 까먹거나 날리고 실패한 사람들 이야기만 들린다. 그는 월급을 아끼고 쪼개서 꼬박꼬박 적금 넣기를 잘했다고 스스로 위안하며 살아간다. 돈은 불리는 것이 아니라 모으는 것이라고 확신한다.

"그런데 저축이 너무 늘지를 않아서 답답해요. 친구들이 할부로 승용차 사서 교외로 드라이브 나가 데이트할 때 저희 커플은 택시도 한 번 안 타고 뚜벅이로 걸어다니면서 데이트했어요. 그렇게 열심히 모아도 집세 내고 공과금 빠져나가면, 휴…… 한동안은 학자금융자까지 갚아야 했으니까요. 빨리 결혼을 해야 하는데, 도대체 언제나 할 수 있을지 모르겠어요. 가진 게 이것밖에 없으니, 어디다 방 한 칸 마련하기도 힘들 것 같고요. 결혼하고 나서도 걱정이에요. 혼자 살아도 돈 모으기가 이렇게 힘든데, 식구 늘면 어떻게 감당할지…… 아이까지 생기면 얼마나 더 아껴야 내 집을 마련할 수 있을까요?"

경남 씨는 이야기를 하는 사이사이 계속 한숨을 쉬었다. 마주 앉아 있는 내가 덩달아 한숨이 나올 정도였다. 그는 돈 때문에 힘든 게 아니라, 돈 걱정 때문에 더 고달파 보였다. 그의 피앙세인 미애 씨도 사정은 비슷했다.

홈쇼핑 콜센터에 근무하는 미애 씨는 월급을 받으면 꼬박꼬박 은행에 저축해오다가, 보험회사로 이직한 직장선배의 조언으로 모든 자산을 보험에 넣어놓았다. 지출이 많아 납입금이 모자라는 달에는 마이너스통장에서 인출한 돈으로 보험료를 낼 정도로, 남의 말에 한번 빠지면 다른 방법은 생각조차 해보지 않는 고지식한 타입이었다.

"저희 회사에서 아주 유능한 선배언니 한 명이 보험회사로 옮겼어요. 2~3년 만에 무슨 퀸으로 뽑힐 정도로 실적이 좋아서 보너스도 많이 받았다고 하더라고요. 제가 친구도 없고 소심한 성격이라, 오빠 만나기 전에는 그 언니 만나서 차 마시고 밥 먹고 영화 보는 게 저의 유일한 낙이었어요. 저랑 다르게 옷도 너무너무 잘 입고 성격도 좋고 유머도 넘치고 아는 것도 많은 언니라, 같이 있으면 기분이 저절로 좋아지거든요. 저는 손수건 한 장 사는 것도 벌벌 떠는데, 그 언니는 백화점 가서 한 번에 서너 벌씩 척척 옷을 사곤 했죠. 따라다니면서 그렇게 펑펑 돈 쓰는 것 보는 것도 얼마나 좋은지, 일종의 대리만족이 된달까요. 아무튼 그렇게 친하게 지내다가 제가 그 언니한테 보험을 들게 됐어요. 쥐꼬리만 한 월급이지만 조금씩 인상될 때마다 언니가 새 보험을 추천해서 몇 개나 가입하게 됐죠. 그런데 이제 막상 결혼을 생각하다 보니, 몇 년을 모았는데도 제가 당장 결혼자금으로 찾아 쓸 수 있는 돈이 얼마 안 되더라고요. 그래서 어떻게 하면 좋을지…….″

그녀는 변액유니버셜보험, CI보험(월 13만 원), 입출금통장, 마이너스대출통장, 비과세저축보험의 포트폴리오를 갖고 있었다. 그녀가 지금 당장 해지하거나 해약해서 손에 쥘 수 있는 현금은 고작 1,250만 원이었다.

현실적으로 부모의 도움을 전혀 받을 수 없는 이 커플이 당장 결혼한다는 것은 불가능해 보였다. 혼수와 예단을 대부분 생략한다고 해도 예식비는 들 것이고, 어디 작은 연립주택 전세라도 얻으려면 보증금이 필요할 텐데…… 아무리 계산기를 두드려도 쉽게 답이 나오지 않았다.

그렇다. 두 사람 다 각각 6년쯤 생업에 종사했으니 합치면 12년이다. 12년을 일하고 5천여만 원을 모은 그들이 앞으로 1~2년 더 각자 일을 한다고 해도 머니베이스가 더 튼튼해질 것 같지는 않았다. 두 사람의 소신대로만 돈을 모은다면 그들의 결혼은 기약이 없었.

말이 되는가? 나는 두 사람의 이야기를 들으면서 물을 연거푸 석 잔이나 마셨다. 가슴이 답답하고 머리도 지끈거렸다. 내가 이렇게 답답한

데 당사자들은 오죽할까 싶었다. 게으르게 빈둥댄 적도, 흥청망청 써본 적도, 신나게 놀아본 적도 없다. 물론 두 사람 다 연봉이 적은 편이다. 그렇지만 이렇게 성실한 두 사람이 각각 직장생활을 6년이나 하면서 열심히 돈을 모아왔는데, 돈 때문에 결혼을 할 수 없다니! 참으로 어이가 없는 일이다.

그러나 내가 답답했던 건, 그들 앞에 놓인 결혼하기 힘든 현실 자체가 아니라, 바로 두 사람 자체였다. 나는 정말 묻고 싶었다. 내년이면 달라지겠는가? 내후년이면 좋아지겠는가? 10년 후면 껑충 뛰겠는가? 나는 정말 말해주고 싶었다. 지금처럼 외통수로 한쪽만 바라보고, 다른 사람들의 이야기에 눈과 귀를 닫고 보고 싶은 것만 보고 듣고 싶은 것만 들으면, 지금이나 내년이나 10년 뒤나 지금처럼 돈걱정만 하고 있을 거라고.

그들의 착함이 안타까웠고, 둔함이 미웠다. 그러나 잘못 살고 있다고 다그치기엔 두 사람은 너무나 성실했다. 나는 그들을 처음 만난 날에는 구체적인 조언을 하지 않았다. 돈을 모으고 불리는 방법이 아니라 그들의 생각 자체가 달라지지 않으면, 아무리 성실히 살아도 영원한 서민커플이 될 수밖에 없다. 그래서 시간이 좀더 걸리더라도 최선을 다해, 마음을 다해 생각을 바꾸도록 조언을 해주고 싶었다.

나는 두 사람을 조용히 돌려보내면서 숙제를 내주었다. 일주일 후까지 꼭 빈칸을 다 채워서 보내라고 신신당부했다. K부장의 안타까운 마음을 헤아릴 수 있을 것 같았다.

서민커플의 Portfolio

• 김경남(32세)

금융자산 현황		월급/저축/보험	
입출금통장	100만 원	청약저축	10만 원
청약저축	700만 원	정기적금	100만 원
정기예금	2,500만 원	CI보험	17만 원
정기적금	700만 원		
총자산	4,000만 원	월급 250만 원 (세후) / 계 250만 원	계 127만 원

• 이미애(29세)

금융자산 현황			월급/저축/보험	
구분	총불입금액	해약환급금		
입출금통장	50만 원	50만 원	변액보험	20만 원
변액유니버셜보험	920만 원	510만 원	비과세저축보험	40만 원
비과세저축보험	1,200만 원	690만 원	CI보험	13만 원
총자산	2,170만 원	1,250만 원	월급 150만 원 (세후) / 계 150만 원	계 73만 원

인생 뭐 있나, 신나게 한번 살아보겠다고?

위험한 폼생폼사 커플 이야기

말끔한 옷차림에 은은한 향수냄새를 풍기는 남자와 세련된 외모의 여성이 손을 잡고 상담실로 들어섰다. 한눈에도 이 선남선녀 커플의 라이프 스타일이 짐작되었다. 요즘 유행하는 것은 죄다 섭렵해봐야 성이 차는, 소위 '트렌드세터'라고 할까.

남자는 잘나가는 IT회사의 마케팅팀장이고, 여자는 유명 뷰티브랜드의 PR을 담당하고 있었다. 아마도 나의 30대 중반 고객 중 가장 럭셔리한 커플이 아닐까 싶었다.

최대호-서다연 커플. 최대호(37세) 씨는 직장생활 10여 년 동안 여섯

번쯤 회사를 옮겼다. 다시 말해 퇴직금이 쌓일 시간이 없었다는 뜻이다. 한 회사 근속연수가 평균 1~2년으로, 푼돈이나 마찬가지인 퇴직금은 새 양복의 카드값으로 그때그때 사라졌을 것이다.

나는 이들이 왜 나를 찾아왔는지 궁금했다. 화려한 라이프스타일을 즐기는 젊고 유능한 이 커플에게 어떤 고민이 있을까? 그런데 최대호 씨의 첫마디가 나의 궁금증을 일거에 날려주었다.

"사실 저는 이런 재무설계 처음이에요. 뭐, 돈이야 쓰는 만큼 들어오게 되어 있는 거고…… 아직 젊고 직장에서 인정도 받고 있는데 몸값 올리기 위해 자기계발에 투자하는 게 제일 중요한 재테크라고 생각해요. 요즘 같은 세상에 안 쓰고, 안 먹고, 안 입으며 살다간 인간관계 다 망가지고 뒤처지기 십상이죠. 그리고 돈이 돈을 버는 세상인데, 가계부 쓰고 은행이자 쳐다보며 언제 돈 법니까? 제 주변엔 주식으로 인센티브의 배는 버는 사람이 부지기수예요. 한 방으로 인생이 달라질 기회가 널리고 널렸잖습니까, 하하하!"

그에게 세상은 참 만만한 요지경이었다. 물론 주식으로 순식간에 큰돈을 번 사람도 많고, 대출받아 사놓은 아파트가 두세 배로 뛰어 돈방석에 앉은 사람도 있다. 하지만 그게 '나'의 이야기가 될 가능성은 얼마나 될까?

실제로 최대호 씨는 '한 방'을 꿈꾸며 주식투자를 하고 있지만, 손익계산을 해보면 잃은 돈이 더 많다. 게다가 운 좋게 주가가 올라 돈을 벌라치면 수익이 나기도 전에 기분이라면서 화끈하게 써댔다. 그러니 주식투자를 하면서 돈은 돈대로 잃고 과소비가 습관이 되어버린 셈이다.

"여긴 제가 오자고 했어요. 지난달에 오빠가 정식으로 프러포즈를 해서 결혼 이야기를 본격적으로 하게 됐거든요. 주말마다 재미삼아 집이니 예식장이니 혼수니 이것저것 구경하러 다녔죠. 그러면서 우연히 통장에 모아놓은 돈이 얼마나 되는지 물어봤다가 깜짝 놀랐어요. 살고 있는 오피스텔이 월세라는 건 알고 있었지만, 주식투자 때문이라고만 짐작했거든요. 오빠가 너무 솔직하게 통장잔액을 이야기하는데, 전 정말 농담인 줄 알았어요. 저도 그렇지만, 엄마 아빠한테 어떻게 이야기해야 하나 머리가 너무 복잡한 거예요. 신혼집이야 당연히 남자가 마련하는 건데, 그 돈으로 아파트는 언감생심이잖아요. 저랑 오빠 주변 사람들도 우리 결혼에 대해 기대가 크거든요. 결혼식장도 호텔 아니면 창피해서 어떻게 청첩장을 돌려요."

서다연(35세) 씨는 직장생활이 10년이 넘었다. 몇 군데 패션잡지사에서 기자생활을 하다가, 지금은 홍보회사에서 뷰티브랜드 PR일을 하고 있는데, 월급의 대부분은 품위유지비로 써왔다. 자신의 외모나 조건 정도면 꽤 경제력 있는 남자를 만날 수 있을 것이라 믿어 의심치 않았고, 결혼자금은 부모님이 알아서 대주시겠거니 믿어왔다.

그러나 최근 부모님의 부동산투자 실패로 무작정 부모님께 기대기도 어려운 상황이 되었다. 게다가 여러 모로 궁합이 잘 맞고 성격까지 나무랄 데 없는 대호 씨의 경제상황이 자신보다 특별히 나을 게 없다는 사실을 알게 되면서 갑자기 절망에 빠지고 말았다. 이제 30대 후반에 접어드는데 이렇게 마음 맞는 남자를 다시 만날 기회는 없을 것 같고, 그렇다고 소형 아파트 전세자금 정도도 비축하지 못한, 거의 빈털터리 수준의 남자와 결혼하는 게 옳은 선택인지 고민을 많이 한 것 같았다. 하지만 결국 남자친구의 진심어리고 화려한 프러포즈에 감동해 결혼을 하기로 마음먹은 상태였다.

서다연 씨의 자산 포트폴리오는 내 고객 중 최악이었다. 달랑 입출금 통장 하나밖에 없었다. 그나마도 월급이 입금되자마자 카드값과 각종 공과금이 빠져나가 월급이 들어온 흔적조차 남지 않았다. 통장잔액은 몇백만 원 정도로(그녀는 차마 밝히기 힘들어했다), 오피스텔 보증금 1,500만 원을 포함해서 총자산이 약 2천만 원이었다.

최대호 씨의 자산현황도 별반 다르지 않았다. 역시나 마이너스통장을 쓰고 있었다. 연봉이 적지 않지만, 수입보다 지출이 우선이고 오피스텔 월세로 매달 130만 원이 나가니, 저축은커녕 마이너스통장이 없으면 다달이 유지하기도 힘든 상황이었다.

그는 업무상 자동차에도 투자해야 한다며 소형 외제차를 타고 다녔는데, 그 할부금이 2년이나 남아 있었다. 그나마 조금 모아놓은 돈은 MMF통장에 넣어두었다가 기회가 오면 주식에 투자했다. 그동안 몇 번 털어먹은 주식투자 실패의 아픈 상처를 한 방에 만회하기 위해 호시탐탐 기회를 엿보고 있었다. 그의 총자산은 오피스텔 보증금 1천만 원을 포함해서 총 5천만 원 정도였다.

상담이 예상보다 길어지자 대호 씨가 담배를 한 대 피우고 오겠다며 자리를 비웠다. 그 사이 다연 씨가 잠시 머뭇거리더니 솔직한 속내를 털어놓았다.

"친한 선배 중에 술만 마시면 저를 혼내는 언니가 있어요. 정신 좀 차리라고요. 제가 하는 일이 워낙 화려하고 만나는 사람도 연예인이나 준상류층쯤 되는데, 무턱대고 그런 사람들 라이프스타일 흉내내다가는 정말 큰코다친다고요. 그 언니가 저한테 대표님 책을 선물해줬어요. 결혼할 남자도 생겼으니, 이젠 돈 쓸 궁리 그만하고 모을 궁리 좀 하라면서요. 예전엔 그런 말이 귓등으로도 안 들렸는데 결혼 이야기가 오가니까 아차 싶고, 이렇게 덜컥 결혼 먼저 해서는 안 되겠구나 싶어서…… 그래서 용기내 찾아온 거예요…… 그런데 대표님, 우리 오빠가 지금 경제상황이 좋지는 않지만 명문대 출신에 영어도 수준급이고 회사에서도 인정을 받거든요. 성격도 다정다감하고, 남편감으론 나무랄 데가 없어요. 물론 이렇게 모아놓은 돈이 없을 줄은 몰랐지만요. 그래서 말인데요, 저 이 결혼 해도 될까요?"

당황스러웠다. 나는 재무설계사지 점쟁이도 아니고, 웨딩컨설턴트도 아니지 않은가. 남자의 경제적 여건만 보고 결혼을 해라 하지 마라 할 입장도 아니고, 현재 모아놓은 돈이 없다고 앞으로도 돈이 줄창 새어나갈 것도 아니니, 뭐라고 시원한 답을 해줄 수가 없었다.

내가 다연 씨 입장이라면, 아니 다연 씨 부모님 입장이라면 어떻게 할까? 대호 씨는 최고의 신랑감은 아니지만, 그렇다고 최악의 신랑감도 아니다. 흥청망청 유흥을 즐기거나 도박을 하는 건 아니지 않은가. 다만 씀씀이가 헤프고 착실하게 돈을 모으기보다는 '하이 리스크, 하이 리턴'을 선호하는 스타일인 것이다.

게다가 객관적인 입장에서 이 커플을 살펴보면, 대호 씨보다 다연 씨가 더 걱정스러웠다. 직업과 외모만 고려한다면 '골드미스'라 하겠지만, 속사정을 들여다보면 서른다섯이라는 적지않은 나이에 총자산이 2천만 원밖에 안 되고, 게다가 자산관리는 자신의 인생과제에서 완전히 배제한 채 살아온 '무대책 노처녀'일 뿐이다. 부모님에게 기대면 된다고 생각해서 돈을 모으는 데 관심을 갖지 않은 것 같은데, 자세히 들여보니 부모님 자산도 대부분 환금성이 떨어지는 부동산이고, 아파트 투자라 당장 자식에게 목돈을 떼어줄 상황은 아니었다.

돈걱정만 하고 돈 불릴 방법은 궁리하지 않는 커플도 염려스럽지만, 돈욕심은 많으면서 돈을 너무 만만하게 보는 커플에게는 도무지 어떤 조언을 해주어야 할지 난감했다. 그나마 재무설계사를 만나볼 생각을 하고 조언을 들으러 온 게 다행스러울 정도였다.

이들에게는 막연히 아끼고 절약하라는 조언은 괜한 시간낭비일 뿐이다. 짧지 않은 세월 수많은 고객을 상대해온 나는 이 폼생폼사 커플의 현재와 미래가 훤히 내다보인다. 두 사람 다 즉흥적인 성격에 취미생활도 고급스럽다. 티켓 두 장에 수십만 원 하는 뮤지컬이나 오페라 대신 개봉관의 영화로 만족하라는 소리를 할 수는 없다. 최소한 푸껫이나 빈

탄의 어느 리조트 정도에서는 즐겨야 하는 여름휴가를 강원도 민박집에서 에프킬라 뿌리며 보내라고 할 수는 없다. 쇠귀에 경을 읽는 것보다도 소용없는 헛소리가 되고 말 테니까.

이 커플에게도 백지수표가 아니라 그냥 백지를 한 장씩 쥐어보냈다. 빼곡히 적어 보내라고, 지우개로 지울 수 있게 꼭 연필로 써서 보내라는 말을 덧붙여서.

폼생폼사 커플의 Portfolio

- 최대호(37세)

자산-부채 현황		월급/저축/보험	
오피스텔 보증금 1,000만 원 MMF 통장 5,000만 원	마이너스통장 대출 1,000만 원	월급 430만 원 (세후)	저축 없음 보험 없음
총자산 6,000만 원 순자산 5,000만 원	7계 1,000만 원	7계 430만 원	

- 서다연(35세)

자산-부채 현황		월급/저축/보험	
오피스텔 보증금 1,500만 원 입출금통장 500만 원	부채 없음	월급 340만 원 (세후)	저축 없음 보험 없음
총자산 2,000만 원 순자산 2,000만 원	7계 없음	7계 340만 원	

돈 쓰러 다니는 것보다
돈 모으는 게 더 재미있다?

부자 될 똑똑커플 이야기

이 커플쯤 되면 자산관리의 엄친아, 엄친딸이라고 할 만하다. 강대현-김지수 커플은 어느 하나 나무랄 데 없이 잘 짜인 포트폴리오에 부자가 될 기본 마인드까지 겸비하고 있었다. 기백만 원짜리 명품 브랜드 대신 20~30만 원대 양복을 고르되 넥타이는 면세점에서 구입해 멋을 낼 줄 아는 남자와, 샤넬백 대신 취미 수준을 넘어선 퀼트솜씨로 가죽을 덧댄 가방을 직접 만들어 남들의 부러움을 사는 센스까지 갖춘 여자가 만났으니 오죽하겠는가.

초등학교 선생님인 김지수(34세) 씨는 나의 오랜 고객이다. 직업뿐 아니라 돈씀씀이, 마음씀씀이도 1등신붓감이다. 대학 4학년 때 우연한 기회에 상담을 시작하게 돼 10년 가까이 이런저런 재테크 상담을 해오고 있다. 사회생활을 시작하기도 전에 통장관리에 대해 나에게 문의할 정도였으니, 지금은 주변 선생님들이 시간 내서 상담 좀 해달라고 조르는 재테크 고수가 되었다.

"교사가 돈, 돈 하는 게 좀 흉하지 않느냐고 교육대학 동기들이 핀잔을 주기도 했지만 저는 재미있었어요. 도서관에서 아무도 빌려가지 않는 재테크책을 재미삼아 빌려보다가 통장도 만들고 경제신문도 열심히 보면서 재테크에 눈을 뜬 것 같아요. 그 덕에 제가 전공은 국어교육이지만 웬만한 경제용어나 경제개념도 가르칠 수 있다니까요. 호호!"

지수 씨의 이야기를 시간 가는 줄 모르고 듣다 보니, 아까부터 옆에 앉아 흐뭇한 미소를 짓고 있는 남자친구 강대현 씨가 어떤 사람인지 궁금했다. 어련히 알아서 좋은 남자를 선택했겠냐만은, 꽤 늦은 나이까지 결혼을 미루던 지수 씨가 선뜻 결혼하겠다고 데리고 온 남자니 자못 궁금할 수밖에 없었다.

강대현(35세) 씨는 인터넷포털 회사의 과장이다. 사람 좋은 미소에 한눈에도 좋은 가정환경에서 잘 자란 티가 났다. 말수가 많거나 나서는 타입은 아니지만, 자기 이야기를 하거나 궁금한 점을 물어볼 때는 겸손하면서도 자신감이 넘쳐 보였다. 자신과는 조금 다른, 당차고 호기심 많은 지수 씨의 밝은 성격에 반한 듯했다.

대현 씨는 대학 졸업 후 입사 초기부터 결혼자금은 스스로 마련할 요량으로 적금을 붓기 시작했다. 월급이 나오면 먼저 저축할 돈부터 떼어놓고 나머지 돈으로 한 달 지출계획을 세울 정도로 정석이었다. 진작 차를 살 형편이 되었지만, 지금도 분당에 있는 회사로 출퇴근할 때는 회사 셔틀버스를 이용하고, 주말에 차를 쓸 일이 생기면 부모님이나 여동생의 차를 빌려 쓴다고 했다. 물론 지수 씨도 그런 남자친구에게 전혀 불만이 없었다.

그는 입사 초기부터 결혼할 여자친구가 생기기도 전에 직장선배들에게 물어물어 재테크의 기본에도 눈을 떴다. 성실하고 간간한 성격으로 보험상품도 약관까지 꼼꼼히 살펴보고, 보험사마다 유사상품까지 비교·분석해서 나무랄 데 없는 조건으로 실손의료보험에 가입해 있었다. 다음 달에 만기가 되는 적금까지 계산하면 총자산이 1억 2천만 원이 넘었다.

만난 지 1년 남짓 된 이 커플은 돈을 모으는 것을 좋아하지만 재미나게 쓸 줄도 알았다. 이들의 데이트 이야기는 재테크나 자산관리 이야기보다 더 흥미로웠다.

"저희는 분식점에서 라면과 떡볶이로 끼니를 때울 때도 디저트는 소문난 카페에서 치즈케이크를 먹고 커피를 마셔요. 남들은 '된장녀' 운운하지만, 비싼 커피와 케이크 먹는다고 다 된장녀는 아니잖아요? 비싼 밥 먹는 건 괜찮고, 밥보다 비싼 커피 먹는 건 왜 안 되죠?"

"지수와 저는 가끔 꼭두새벽에 만납니다. 친구들은 이상하다고 하지만, 우리는 새벽 4시쯤 만나서 동대문시장엘 가죠. 새벽시장에서만 파는, 속을 직접 고르는 애기김밥을 사먹는 재미도 좋고…… 새벽시장만의 느낌이 너무 좋아요. 우리는 나중에 직장 다니는 게 힘들거나 지겨워지면 같이 사업을 하고 싶어요. 이 친구 퀼트솜씨가 보통이 넘으니까 그쪽 관련 아이디어를 좀 다져서 패션브랜드를 하나 만들면 어떨까 하는 생각도 합니다. 제가 인터넷환경에 대해서는 잘 아니까 그런 아이템으로 쇼핑몰을 만드는 것도 생각해볼 수 있겠죠."

"맞아요. 사람들이 교사는 최고의 직업이라고들 하잖아요. 물론 저도 교사가 천직이라고 생각하고 늘 감사하지만, 이 일도 얼마나 힘들고 스트레스가 많은지 몰라요. 아이들이 좋고, 잘 가르치고 싶다는 생각을 늘 하지만 갈수록 어려움도 많아요. 그래서 저는 제 열정이 식지 않을 때까지만 이 일을 하고 싶어요. 훗날 몸과 마음이 지치고 매너리즘에 빠져 건성건성 아이들을 대하게 되지 않을까 스스로 겁이 나기도 하죠. 사업해서 돈을 많이 벌고 싶다는 꿈도 있기 때문에, 먼 미래의 일이긴 하지만 다른 일을 할 수도 있다고 생각해요."

어쩌면 이렇게 생각과 마음이 잘 맞는 커플이 있을까 싶었다. 돈을 많이 벌고 싶다는 말을 당당히 하는 이 커플은, 결혼을 준비하면서 신혼집이니 예식장이니 혼수니 체면치레로 돈 쓸 궁리를 하는 대신 서로의 관심사에 귀 기울이고 창의적인 발상으로 미래를 함께 그려나갈 꿈에 부풀어 있었다.

그리고 오늘 이렇게 나를 찾아와 자신들의 포트폴리오를 점검해달라고 부탁하고 있는 것이다. 지수 씨의 자산현황은 익히 알고 있기 때문에 대현 씨의 포트폴리오를 상세히 검토했다. 입출금통장, 정기적금통장, 정기예금통장, 청약저축통장, 장기주택마련저축통장, 펀드통장, 변액연금통장에 ETF(상장지수펀드) 통장까지 나무랄 데가 없었다. 실손의료보험도 월 8만 원 불입으로 합리적이었다.

이 커플의 경우 통장을 합치는 데도 별다른 고민과 조율이 필요없었다. 서로 중복되는 통장만 정리하면 되는 수준으로, 결혼 후 통장관리는 지수 씨가 하기로 이미 결정해놓은 상태였다. 청약통장은 대현 씨 것을 살리고, 지수 씨 것은 해지해 이율이 더 높은 적금으로 갈아탔다. 최근에는 지수 씨의 조언으로 대현 씨가 목돈을 굴리기 위해 ETF투자도 시작했다고 한다.

결혼자금으로 필요한 목돈을 얼마나 준비할지, 신혼집 규모는 어느 정도로 할지 등의 세부사항은 차근차근 정리하기로 했다. 두 사람은 결혼이 중요하지, 결혼식이 중요한 게 아니라는 생각에 동의하고 있었다. 또 부모님 도움 없이 자신들의 힘으로 신혼집을 마련하고 싶어 했다. 다만 아파트 전세를 얻을 것인지, 여유자금을 남겨둘 요량으로 신축한 연립주택을 얻을지만 결정하면 되는 상황이었다.

두 사람은 결혼 이야기가 나오자마자, 사진첩을 펴놓고 학창시절 추억 이야기를 나누듯이 서로의 통장 이야기를 했다고 한다. 그 통장 속에는 10년 가까이 사회생활을 하면서 보람차고 때론 힘들었던 이야기가 고스란히 담겨 있었다. 그런 이야기를 나누면서 자연스럽게 그동안 말하지 못했던 서로의 꿈 이야기까지 실타래 풀리듯 술술 하게 되었다고 한다. 나는 어떻게 그렇듯 솔직하게 통장 이야기를 터놓을 수 있었느냐고 물었다.

"돈에 관해 뭔가 꼼수가 있고 솔직하지 않은 남자라면 성품도 마찬가지일 거라고 생각해요. 그런 남자는 살아보지 않아도 결혼 후의 생활이 어떨지 뻔해요. 제가 지금껏 엄마 말을 새겨들어서 손해본 적이 한 번도 없더라고요. 철들어 그걸 깨달은 게 좀 아쉽긴 하지만요. 근데 저희 엄마가 가진 것보다 더 가진 척하는 남자, 돈 없다고 궁상떨며 자책하는 남자와는 절대 결혼하지 말라고 했어요. 척하는 남자는 돈이 많이 생겨도 소중한 줄 모르고, 궁상떠는 남자는 주변에 따르는 사람이 없어 인복이 없을뿐더러 간장종지만 한 소갈딱지로 사사건건 간섭할 거라고요. 대현 씨는 솔직한 사람이에요. 그리고 작은 것에도 감사할 줄 알고, 좋아하는 것에는 돈과 시간을 아끼지 않는 타입이더라고요. 외모만 제 스타일이 아니에요, 호호!"

지수 씨의 갑작스러운 농담에 대현 씨의 얼굴이 발그레해졌지만 얼굴에는 웃음이 떠나지 않았다.

지수 씨와 대현 씨는 내가 컨설팅을 해줄 게 아니라 오히려 받아야 하는 멋진 커플이다. 돈만 생각하고 돈 모으는 데만 집착하는 커플이라면 '멋지다'라는 표현은 적절하지 않을 것이다. 두 사람은 함께 만들어갈 미래의 브랜드까지 설계하는, 사랑과 믿음이 충만한 부부이자 멋진 비즈니스 커플이 될 거라는 확신이 들었다.

지수 씨 커플은 재테크 전문가 입장에서도 이미 99점이지만, 100점이 되기 위한 숙제는 필요했다. 그들도 흔쾌히 나의 숙제에 관심을 보였다.

똑똑커플의 Portfolio

• 강대현(35세)

자산-부채 현황		월급/저축/보험	
입출금통장	100만 원	정기적금	50만 원
정기예금	3,900만 원	적립식펀드	100만 원
정기적금	300만 원	청약저축	10만 원
펀드	3,700만 원	장마저축	30만 원
청약저축	600만 원	변액연금	30만 원
장마저축	1,300만 원	실손의료보험	8만 원
ETF	1,000만 원		
변액연금	1,100만 원		
부채	없음	월급	400만 원 (세후)
총자산	1억 2,000만 원		
순자산	1억 2,000만 원		
계	없음	계 400만 원	계 228만 원

• 김지수(34세)

자산-부채 현황		월급/저축/보험	
입출금통장	50만 원	정기적금	40만 원
정기예금	2,500만 원	적립식펀드	70만 원
정기적금	80만 원	장마저축	20만 원
펀드	2,460만 원	변액보험	15만 원
장마저축	680만 원	연금펀드	20만 원
ETF	580만 원	실손의료보험	8만 원
변액유니버셜보험	730만 원		
연금펀드	420만 원		
부채	없음	월급	280만 원 (세후)
총자산	7,500만 원		
순자산	7,500만 원		
계	없음	계 280만 원	계 173만 원

영원한 서민으로 살 것인가

서민커플, 희망을 배우다

김경남 씨는 흔히 말하는 '법 없이도 살 사람'이다. 그를 처음 만난 후, 오랫동안 그의 잔영이 머릿속을 떠나지 않았다. 그 누구보다 성실하고 알뜰하게 살면서, 평생 남한테 상처 주는 말 한 마디 할 줄 모를 것 같은 반듯한 사람이 왜 그렇게 돈걱정으로 가득한 나날을 보내야 하는가. 평생의 반려자를 만났는데도 왜 신혼의 단꿈을 꾸지 못하고, 결혼과 결혼 후의 돈걱정으로 밤새 뒤척여야 하는가.

일주일 후, 그는 내가 내준 숙제를 빼곡히 채워서 팩스로 보내왔다. 컴퓨터로 작성해서 이메일로 보내지 말고, 꼭 자필로 써서 팩스로 보내라는 내 말을 잘 따라준 것이다. 그의 착한 심성처럼 글씨는 반듯했고 띄어쓰기 하나 틀린 것이 없어 보일 정도로 성의가 가득했다. 그 질문 내용과 답변을 그대로 옮겨본다.

15년 전으로 돌아가보십시오. 당신이 가장 속상했던 일은 무엇이었나요?
저는 그때 열일곱 살이었습니다. 고등학교 2학년이었지요. 저는 경상도 어느 시골마을에서 자랐습니다. 친구들은 대구나 부산에 있는 고등학교를 갔는데, 저는 매일 한 시간씩 걸어서 군내에 있는 학교에 다녔습니다. 그 시절 저는 참 도시를 동경했습니다. 방학 때 돌아오는 친구들은 왠지 멋져 보였고, 농사일 거드느라 새까맣게 탄 제 얼굴과 비교되게 하얀 피부의 그들과 저 자신을 자꾸 비교했습니다. 어린 시절 개울에서 같이 발가벗고 놀던 그 친구들과도 점점 거리감이 느껴져 속이 상했지요.
그러던 중 정말 속상한 일이 발생했습니다. 그렇게나 기다리고 기다리던 경주 수학여행을 못 가게 된 것이었지요. 태어나서 그때까지 단 한 번도 멀리 도시에 나가본 적이 없던 제가 유일하게 꿈꿀 수 있었던 여행이었습니다. 물론 돈 때문이었지요. 그해 밭농사가 가뭄으로 새까맣게 타들어가서 돈 한 닢 만져볼 방법이 없다고 아버지는 대낮부터 막걸리를 마셨습니다. 저희 학년만 고작 50명쯤 되는 시골학교에서 아이들은 수학여행 며칠 전부터 장기자랑 준비를 한다고 설쳐댔습니다. 그때 저는 먼발치에서 얼마나 속이 상했는지 모릅니다. 같은 시골에서도 왜 우리집만 이렇게 더 가난한지, 정말 억울하고 속이 상했습니다.

15년 후로 가보십시오. 당신은 어떻게 살고 있습니까?

(반드시 현재시점으로, 15년 후 자신의 시점에서 답변을 작성하십시오.)

아이들은 초등학교와 중학교에 들어갔다(저는 아이를 하나만 낳길 바라지만, 미애 씨는 둘을 낳아야 한다고 강력하게 주장합니다). 나는 지금 호수공원에서 산책을 하고 있다. 내 나이 마흔일곱이다. 무엇을 할까 고민하고 있다. 직장은 작년에 명예퇴직을 하게 되어 그만두었다. 임원 승진은 영업 파트에서 되는 경우가 많아서, 나 같은 자재관리 쪽 직원은 부장이 마지막 보직이라는 걸 오래전부터 알고 있었다. 나는 그동안 직장생활을 열심히 했고, 퇴직금과 명예퇴직위로금을 합쳐 2억 원쯤 받았다. 그러나 아파트 융자금 1억 원을 갚고 1년 생활비가 통장에서 빠져나가고 나니, 이제 남은 건 몇천 정도다. 이 돈으로 무엇을 해야 하나 고민한 지 벌써 여러 달째지만, 창업은 생각하기조차 두렵다.

지난 1년간은 재취업을 위해 여러 회사에 이력서를 넣고 마음을 졸이며 답변을 기다리느라 흘려보냈다. 이제 재취업 희망도 사라졌건만, 아직도 창업 결심이 서지 않는다. 당장 무엇을 할 수 있을지 모르겠다.

아이들 학원비와 용돈이 만만치 않다. 매달 나가는 돈은 줄이려야 줄일 수가 없다. 이렇게 야금야금 퇴직금을 다 쓰고 나면 어떻게 해야 하나 조바심만 난다. 내가 집에 있는 시간이 많으니, 큰아이는 눈치가 보이는지 방과후에도 학원 갔다가 바로 독서실로 가서 밤 12시가 다 돼야 들어온다. 휴일에는 아예 집 대신 독서실에서 생활하는 것 같다. 독서실은 한 달 정액제라서 꽤 큰돈이 나간다. 아내는 독서실 비용이 아까워 "제 방 놔

두고 밖에서 돈 흘리고 다닌다"며 나무라지만, 큰아이가 고집을 부린다. 착한 아내의 속이 얼마나 탈지 훤히 보이지만 내색하지 않는 것이 그저 고맙다. 총각 때 자취하면서 면 종류에는 신물이 난 나의 식성을 알기에 세끼 꼬박꼬박 밥으로 상을 차리는 내 아내 같은 여자가 또 있을까 싶다. 하루하루, 견뎌나가기가 힘들다.

경남 씨는 15년 전에도 돈 때문에 억울했고, 15년 후에도 돈 때문에 조바심을 내고 있다. 어쩌면 이렇게 미래의 모습도 지금 자신의 모습과 똑같이 그렸을까? 과제를 줄 때 내가 신신당부한 대로 구체적이고 현실적으로 답변을 작성한 경남 씨의 성실함도 놀라웠다. 나중에 들은 바로는, 경남 씨 회사의 40대 중후반 상사들의 이야기와 신문기사에서 읽은 어느 중년남자의 일상이 자기의 미래 모습 같아서 그것을 바탕으로 썼다고 한다.

어쨌거나 그는 15년 전 자신을 아무런 희망이 없는 가난한 시골 고등학생으로, 그리고 15년 후의 자신도 버젓이 대학을 나오고 직장생활을 20년씩이나 했지만 여전히 아무 희망이 없는 중년으로 그리고 있었다. 참 가슴 답답한 일이었다. 그가 직면한 가장 큰 문제는 재테크나 자산관리가 아니었다. 마인드의 변화가 더욱 시급한 과제였다.

나의 독후감을 기다리고 있을 그에게 고심 끝에 한 통의 팩스를 보냈다. 어떻게 재테크를 하고 자산관리를 하라는 조언보다 이 한 장의 팩스가 그에게 더 큰 도움이 되리라 믿었기 때문이다. 이메일을 사용하지 않은 것은, 종이로 받아서 그가 손에 들고 읽게 하고 싶었기 때문이다. 그 내용을 옮긴다.

경남 씨가 수학여행 가는 친구들을 먼발치서 부러워하며 가난한 부모님을 원망하고 있던 열일곱 살 때, 자신의 꿈을 이루기 위해 고향을 떠나 도시로 나온 청년이 있었습니다. 그는 공부 대신 장사를 배우기 시작했습니다. 우리는 그를 '맨주먹으로 꿈을 이룬 사나이'라고 부릅니다. 바로 '인디안'이라는 브랜드로 시작해 지금은 패션그룹 세정을 키운 박순호 회장입니다. 그는 자전에세이 《맨주먹으로 일궈낸 나의 꿈》에서 열일곱 살 시절을 이렇게 회상했습니다.

"경상남도 함안군 골짜기에서 내 생은 시작되었지만 좀더 큰 세상으로의 동경은 어린 시절부터 피어오른 무지개 같은 것이었다. (……) 17세 어린 나이에 난 마산으로 가서 장사의 기초를 배웠고, 더 큰 세상인 부산으로 옮겨 장사의 철학을 익힐 수 있었다. 그리고 1968년 5월 내 소유의 가게를 열었고, 다시 제조업인 동춘섬유공업사를 창업하여 제2의 탄생을 시작하게 되었다."

그는 또 어느 신문(조선일보)과의 인터뷰에서 이렇게 말합니다.

"배불리 못 먹던 젊은 시절, 가난 때문에 받은 쇼크가 지금의 나를 있게 한 원동력이다. 공부도 필요없고 돈을 벌어야겠다 싶어 6개월간 다니던 동사무소도 그만두고 마산에서 직행버스를 타고 혈혈단신 부산으로 갔다. 부산 시내를 이리저리 돌아다니기를 꼬박 사흘, 직감적으로 의류도매

시장에서 일을 배우면 돈을 벌 수 있을 것 같다는 느낌이 왔다. 부산 의류 도매시장에 있는 메리야스공장에서 저녁엔 공장일을 도우면서 생산기술을 배우고, 낮에는 만든 메리야스를 파는 장사를 했다."

박순호 회장의 젊은 시절 이야기는 숱한 자수성가 스토리 중 하나일 수도 있습니다. 하지만 저는 경남 씨의 답변지를 보면서 박 회장님의 이야기를 꼭 들려주고 싶었습니다. 열일곱 살 가난한 시골아이가 꿈을 품고 이루어낸 이 성공 스토리가 열일곱 살 때 했던 돈걱정을 15년이 지난 지금도 하고 있는, 아니 15년 후에도 할 경남 씨의 인생에 새로운 동기부여가 되어줄 것이라 생각했습니다. 경남 씨는 훗날 아이들에게 꿈은 없고 돈걱정만 하는 아버지로 기억되고 싶으십니까? 그 옛날 경남 씨를 수학여행도 보내지 못한 부모님처럼 말입니다.

나는 적어도 경남 씨라면, 흔해빠진 성공 스토리라며 팩스용지를 구겨 쓰레기통에 넣지는 않을 거라고 판단했다. 물론, 식상한 이야기일 수도 있다. 어려운 환경이었지만 남다른 능력을 타고난 사람이기에 가능한 자수성가 스토리라고 생각할 수도 있다. 그러나 모든 것은 자신이 어떤 잣대로 그것을 받아들이느냐에 달려 있다. 나는 전적으로 경남 씨의 그릇에 맡기기로 했다.

그가 팩스를 받았다는 회신을 보내왔다. 나는 서둘러 또 하나의 질문지를 보냈다. 그 질문 내용과 경남 씨의 답변을 옮긴다.

15년 후로 가보십시오. 당신에겐 30억 원의 자산이 있습니다.
당신은 어떤 삶을 살고 있습니까?
(반드시 현재시점으로, 15년 후 자신의 시점에서 답변을 작성하십시오.)

나는 테니스에 빠져 있다. 내 또래들 중 안정적인 삶을 살고 있는 사람들이 좋아하는 운동은 대부분 골프지만, 나는 골프가 내키지 않는다. 어린 시절 농촌에서 힘겹게 살았기 때문인지, 자연은 농사를 짓는 곳이라 여겨져 푸른 필드에서 샷을 날리는 내 모습이 어색하기만 하다.

나는 도시가 좋다. 지금은 일산에 살고 있다. 나는 RV승용차를 갖고 있고, 착한 내 아내에게는 지난 결혼기념일에 폭스바겐 골프 자동차를 선물했다.

호수공원이 내려다보이는 50평대 아파트, 가까이에 쾌적한 산책로가 있는 지금의 내 집이 좋다. 단지 내에 테니스코트가 있어서 매일 새벽 테니스를 즐기는 것도 정말 좋다. 살면서 내가 언제 한번 마음 편하게 운동을 즐겨본 적이 있던가. 중고등학교 시절에는 내내 방과후에 농사일을 거드느라 체력이 좋지도 않던 나는 항상 힘에 겨웠다. 그래서 체육시간에 운동을 하기보다는 나무그늘에 앉아 쉬고만 싶었다. 젊은 시절에도 늘 쪼들리는 생활에 나만의 스포츠를 즐긴다는 것은 꿈도 꿔보지 못했다.

경쾌하게 네트를 넘어가는 스피디한 내 공을 상대가 잘 받아칠 때 나는 기쁘다. 나는 여유와 품위가 있는 멋진 중년의 모습으로 나이 들어가는 지금이 살아온 시간들 중 가장 좋다.

경남 씨의 답변은 예상외로 테니스에 대한 내용이 주를 이루었다. 나는 심리학은 전혀 모르지만, 남성적이고 도회적인 스포츠인 테니스를 즐기고 싶어 하는 경남 씨의 마음속에는 자신의 억눌린 현재상황에 반전을 주고 싶은 욕구가 깔려 있는 건 아닐까 하는 생각이 들었다. 어쨌든 현재상황에서 자신이 생각하는 15년 후 미래 속 모습과, 30억 자산가가 되었다고 가정하고 그려본 15년 후 미래 속 경남 씨는 완전히 다른 사람이었다.

며칠 후 다시 그를 만났다.

"저만 가난한 환경에서 고생하며 자란 건 아니겠지만, 저처럼 힘들고 막막하고 돈을 벌어도 돈걱정뿐인 사람들은 돈이 없는 것도 문제지만, 희망이 없는 게 더 문제라는 생각이 들었습니다. 세 번째 질문에 대한 답변은 열 번쯤 고쳐썼어요. 물론, 그 열 번의 답변이 다 행복한 내용이었지요. 어떤 삶이 더 재미있고 멋질까? 그런 고민을 하다 보니 정말 꿈만 같더군요. 조금 더 사치스러운 삶도 그려봤지만 저에게 어울리지 않을 것 같았고, 보내드린 답변 정도만이라도 내 현실이 될 수 있다면 정말 소원이 없겠어요."

그의 얼굴은 미소년처럼 해맑았다. 박카스 한 박스를 옆에 끼고 처음 상담실을 들어설 때의 불안한 눈동자가 아니었다. 근심이 사라진 눈빛은 호기심 가득한 아이의 눈망울처럼 반짝거렸다. 정말이지 10년쯤 어려 보였다.

"그렇다면, 한번 바꿔보면 어떨까요? 물론 30억 원을 버는 방법을 제가 가르쳐드릴 수는 없습니다. 저는 경남 씨의 수입범위 안에서 어떤 포트폴리오를 짜 어떻게 자산관리를 하는 것이 효율적인시만 분석해드릴 수 있습니다. 그러나 제가 그런 질문지를 드린 이유는 방금 말씀하신 두 글자, 바로 희망 때문이지요. 생각을 바꿔보자는 겁니다. 지금부터 차근차근 기쁘고 희망차게 자산관리를 하면서 보다 멋진 미래를 그려나가 보자는 거지요. 그런 마음으로 재테크를 하고 자산관리도 해야 돈도 따라옵니다."

미애 씨의 답변도 경남 씨와 비슷했다. 15년 전 과거의 이야기는, 바이올린을 배우고 싶었지만 늘 주인집 거실에서 새어나오는 동급생의 바이올린 소리를 들으면서 부러워해야 했던 내용으로 채워져 있었다. 15년 후에 대한 상상도 아이들 사교육비 때문에 마트 계산대에서 파트타임 근무를 하는 모습으로 그려져 있었다. 30억 원을 갖고 있다는 가정하의 세 번째 질문에 대한 답변에는, 딸의 바이올린 콩쿠르대회에서 박수를 치고 있는 자신의 우아한 모습이 묘사되어 있었다. 경남 씨에게는 테니스가, 미애 씨에게는 바이올린이 심리적인 안정과 경제적 여유의 상징으로 각인되어 있는 것 같았다.

나는 두 사람 앞에 재무설계 가이드 대신 그들이 작성해온 답변지를 펼쳐놓고 말했다.

"저는 돈은 생물이라고 생각합니다. 10원 더하기 10원은 20원이 아닐 수도 있다는 말입니다. 마음을 어떻게 먹고 전략과 가치관을 어떻게 가져가느냐에 따라 10원 더하기 10원이 30원 이상이 될 가능성이 있다는 것이지요. 생각을 바꿔봅시다. 두 분의 미래는 지금처럼, 아니 지금보다 더 힘들 것이라고 스스로 예단할 필요가 전혀 없습니다. 두 분은 누구보다도 성실하고 누구보다도 바르게 살아왔고, 앞으로도 그렇게 살아갈 것입니다. 그러니 누구보다도 부자가 될 자격이 충분합니다."

바로 그날부터 두 사람의 WAM이 시작되었다. 결혼은 또 다른 돈걱정의 시작이 아니라, 새로운 미래가 시작되는 희망의 첫걸음이라는 걸 그들은 비로소 마음으로부터 받아들이게 되었다.

한 방에 훅 갈 수도 있다

폼생폼사 커플, 미래를 읽다

요샛말로 킹카와 퀸카가 만난 케이스인 최대호-서다연 커플에게 내준 질문지의 답변을 받았다. 물론 내가 정해준 기한이 한참 지난 후였다. 상담시간도 기본 10~20분은 늦는 커플이었다. 세상은 언제나 자신들 편이라고 생각하는, 지극히 낙천적인 두 사람은 과연 그들의 믿음처럼 해피엔딩을 맞을 수 있을 것인가? 물론 나는 지금 이대로라면 전혀 그렇지 않다고 확언할 수 있다.

언젠가 한 방 크게 터뜨릴 거라고 생각하는 대호 씨와, 다른 사람들이 부러워하는 많은 것을 갖췄기에 언제나 남들보다 잘살 수 있을 거라고 생각하는 다연 씨가 보내온 답변지는 참 성의가 없었다. 처음 받아들었을 때는 살짝 기분이 상할 정도였다. '우리한테 왜 이런 걸 써내라고 하는 거야? 우리를 초등학생 취급하는 거야, 뭐야?'라며 투덜거렸을 게 틀림없다. 두 사람은 각자 한 장씩 질문지를 받아갔건만, 같이 작성했는지 한 장의 답변지만 보내왔다.

15년 후로 가보십시오. 당신은 어떻게 살고 있습니까?
(반드시 현재시점으로, 15년 후 자신의 시점에서 답변을 작성하십시오.)

우리는 각각 브랜드컨설팅 회사 이사와 국내에 신규 론칭한 이탈리아 브랜드의 홍보이사로 근무하고 있다. 나 최대호는 스톡옵션을 받고 창립멤버로 참여한 회사가 상장되어서 상당한 액수의 자산을 갖게 되었다. 다연이는 스타일 전문 케이블채널에 참여해서 획기적인 아이디어로 시청률을 올려 몸값이 높아졌고, 이번에 새로 론칭하는 이탈리아 유명 브랜드에 기획·홍보 총괄 이사로 스카우트되었다.
우리는 청담동에 새로 분양한, 사생활이 철저히 보호되는 VVIP만의 빌라에 입주해서 살고 있으며, 열 살짜리 딸을 하나 키우고 있다. 내년쯤에는 딸아이의 글로벌교육과 우리 부부의 트렌드 리서치와 재충전을 위해 휴직하고, 뉴욕에서 1년간 안식년을 갖기로 계획하고 있다.

나는 이 커플에게는 다음 질문지를 주지 않았다. 대신 두 가지 미래예측보고서를 작성해서 보내주었다.

첫 번째는, 지금 현재 그들의 자산규모와 현재의 수입원이 앞으로도 지속될 것이라는 가정하에, 두 사람의 현재 지출금액을 바탕으로 15년 후 그들에게 주어질 경제상황을 정리한 것이었다.

참 희한하게도, 그들에게 받은 근로소득원천징수영수증 내역을 보니 그들이 말했던 것에 비해 실제 연봉은 훨씬 적었다. 대호 씨의 경우 61,500,000원인 연봉에서 세금 등을 제하니 실수령액은 52,000,000원에도 미치지 못했다. 그러나 그는 나에게 자신의 연봉이 7천만 원이라고 했다. 반올림도 아니고 올림으로 자신의 연봉을 계산해 기억하고 있었던 것이다. 물론 여자친구 앞에서 자신의 경제상황을 좀더 좋은 쪽으로 말하고 싶었겠으나, 그 차이가 너무 컸다. 다연 씨 또한 자신의 연봉을 정확히 세후금액으로 기억하고 있지 않았다. 한 달 수령액이 약 340만 원이었으나 400만 원을 받고 있다고 말했다.

어쨌든 그들은 현재의 경제상황을 감안한다면, 강남권에서는 전세살이조차 힘들다. 나는 대호 씨 커플의 미래예측보고서에, 두 사람 수입의 50퍼센트는 저축해야 10년 후 그나마 대출을 끼고 강북권에 소형 아파트를 장만할 수 있다고 적었다. 그리고 그렇게 하기 위해서는 자동차도 한 대는 처분하고 출퇴근은 대중교통을 이용해야 한다고 명시했다. 그 후에 아파트를 좀더 넓혀 이사할 경우 매달 불입해야 할 대출이자와 원금상환액, 자동차 한 대 유지비, 그밖의 여러 가지 공과금, 육아와 사교육비, 생활비를 제하고 그들이 사용할 수 있는 문화생활비 수준은 한 달에 기껏 10만 원 정도라는 것도 구체적으로 보여주었다.

그러나 이 모든 청사진은 지금의 직장이 그들에게 10년, 15년 후에도 계속 든든한 일자리를 보장해줄 경우에만 가능하며, 한쪽이 실직할 경우 상황은 더 안 좋아진다.

두 번째 미래예측보고서는 그들이 상상조차 해보지 못했을 상황을 가정한 것이었다. 한쪽이 실직했을 경우, 즉 외벌이로 살게 될 경우 10년, 15년 후 그들의 생활형편이 그려져 있었다. 두 사람 다 실직했을 경우는 차마 거론하지 않았지만, 그럴 가능성도 배제할 수는 없다.

어쨌든 두 번째 보고서의 내용은 이렇다. 수도권의 열몇 평짜리 초소형 아파트에서 매달 대출이자를 갚아나가며 식료품이나 의류는 물론 화장품까지, 쇼핑은 모두 할인마트에서 해결한다. 백화점은 연례행사처럼 갈 수 있을 뿐이다. 양가 부모님으로부터 전혀 원조를 받지 못하는 상황이라면, 오로지 한 사람의 월급만 바라보며 세 식구가 살아야 한다. 미혼시절 모아놓은 자산이 별로 없기 때문에, 결혼과 동시에 알뜰살뜰 쥐어짜며 살아도 평생 아파트 대출금이나 전세자금 융자를 갚아나가는 데 허덕여야 한다.

물론 대호 씨가 믿는 대로, 언젠가 그가 찜한 주식이 연일 상종가를 치는 행운이 올 수도 있고, 스톡옵션을 받고 새로운 회사로 옮겨 한 방에 큰돈을 손에 쥐는 날이 올지도 모른다. 하지만 그렇게 확률이 지극히 낮은 로또 같은 인생은 나의 미래예측보고서에는 없다. 그들이 꿈꾸는 그런 장밋빛 청사진은 한여름 밤의 아름다운 꿈일 뿐이다.

대호 씨와 다연 씨는 내가 보낸 미래예측보고서를 받아본 후 한동안 나와 연락을 끊었다. 그러나 결혼계획이 구체적으로 진행되면서 현실이 결코 만만치 않다는 것을 깨달았는지, 다시 나를 찾아왔다. 그리고 그들이 생각해온 돈 모으는 방법, 그들이 추구해온 삶의 방식과는 확연히 달랐지만 WAM을 실행에 옮길 수밖에 없었다.

돈 모으면서 꿈도 키운다

똑똑커플, 비전을 갖다

강대현-김지수 커플에게는 어떤 질문지를 보낼까 고민이 많았다. 워낙 오랫동안 지수 씨를 알고 지내기도 했지만, 남자친구인 대현 씨도 만나보니 신랑감으로 나무랄 데가 없을 정도로 건실하고 재테크에도 자신만의 원칙을 갖고 있었다. 그래서 이 두 사람에게는 좀더 미래지향적인 질문을 던져서 그들이 한 방향을 바라보며 새로운 꿈을 꿀 수 있도록 해줘야겠다고 생각했다.

내가 지수 씨 커플에게 요구한 것은 사업계획이었다. 결혼계획과 자산관리 계획보다 그들에게 더 필요한 것은 두 사람이 함께할 사업계획인 것 같았다. 둘 다 직장이 든든한 만큼 당장 어떤 사업을 시작하라는 뜻은 아니었다. 10년 혹은 더 먼 훗날을 위해, 그 분야에 대해 충분히 연구하고 준비하라는 의미였다.

물론 그들의 계획 속 사업은 먼 미래의 일이고, 결국 실행에 옮기지 않을 수도 있다. 살다 보면 리스크를 굳이 감수할 필요가 없다는 생각이 들지도 모른다. 지수 씨는 노후연금이 보장되는 교직을 과감히 버리고 사업가로 변신하기가 두려울 수도 있고, 대현 씨는 직장과 월급이 자기 삶의 더 든든한 안전장치라고 생각할 수도 있다. 그러나 안정된 환경 속에서도 사업을 꿈꾸는 것은 두 사람의 관계를 더 돈독하게 자극하고 서로를 더 강건하게 받쳐줄 것이다.

게다가 분석적인 경제관을 갖고 있는 커플이기 때문에, 사업을 한다면 성공확률도 높은 편이다. 따라서 그 어떤 질문에 대한 답변보다 스스로 '사업준비 10년 계획'을 짜보는 것이 의미가 있을 것 같았다.

두 사람은 내가 과제로 준 사업준비 10년 계획을 짜기 위해 데이트할 때마다 태블릿PC 앞에서 머리를 맞댔다고 한다. 구체적으로 페이퍼워크를 하면서 회의를 하니, 서로의 꿈에 대해 막연하게 이야기할 때와는 또 다른 진지함이 있었다고 한다. 무엇보다 두 사람이 함께 새로운 인생을 만들어간다는 생각에 가슴이 벅차오르기도 했단다.

일단은 지수 씨가 꿈꾸는 퀼트패션 사업에 대해 좀더 아트적인 접근이 필요할 것이라는 데 의견이 모아졌다. 퀼트가 동양보다 서양에서 여성들의 취미생활을 넘어 폭넓게 상품화되고 있기 때문에, 견문을 넓힐 필요가 있다는 생각이 들었고, 다양한 분야와의 접목과 이제껏 보지 못한 새로운 요소를 가미해야 한다는 생각에 공감했다고 한다. 그래서 미술대학원이나 패션 전문 학원에 다니는 것을 고려해보기로 했다.

퀼트뿐만 아니라, 지수 씨가 그동안 해온 수공예·패션 스크랩을 개인적인 취미생활에 그칠 것이 아니라 블로그화하고, 페이스북에서 같은 취미를 즐기거나 같은 분야의 사업을 하고 있는 웹친구들을 모으는 일도 서서히 시작하기로 했다.

대현 씨는 재테크나 금융에 대해 전공만큼이나 많은 지식과 정보를 갖고 있었다. 그래서 사업계획을 논의하다가, 지수 씨가 패션 쪽 공부를 하는 동안 본인은 MBA과정을 이수하겠다는 목표를 세우게 되었다. 사업을 벌이고 경영을 하는 데 재테크나 금융에 관한 지식만으로 덤벼들기에는 불안한 마음도 있고, 또 사업 관련 인맥을 넓혀놓는 것도 좋을 것 같았기 때문이다.

그리고 결혼해서 아이를 낳기까지 3년쯤은 둘 다 공부에 매달려보는 것이 좋겠다는 생각도 했다. 학업이 전부였던 학창시절에는 '내 공부'를 한다는 생각을 해본 적이 없었다. 이제 정말 하고 싶은 공부를, 그것도 '내 사업'의 기반이 될 공부를 한다고 생각하니 두 사람 다 초등학교에 입학할 때처럼 설레었다고 한다.

대현 씨와 지수 씨 둘 다 평범한 가정환경에서 자랐고, 대학 입학 후에는 용돈과 학비 일부를 제 힘으로 마련했다. 특히 지수 씨는 아르바이트를 대학시절 내내 하며 제 힘으로 용돈을 마련하고 등록금도 보태며 대학을 마쳤다. 그러면서 푼돈을 모아 목돈을 만드는 재미를 알았고, 조금씩 더 큰 세상을 보게 된 경우다.

지수 씨는 '돈'을 벌고 모으면서도 '돈, 돈' 하며 돈걱정하는 친구들이 제일 답답하다고 말한다. 허구한 날 돈걱정을 하면서도 통장 들여다보기는 주저하고, 매달 카드이용내역서 보며 후회하면서도 신용카드를 버리거나 체크카드로 바꿔 현실에 맞게 살 생각은 안 하는 게 이상하다고 했다.

주변 지인들에게는 이미 재테크 멘토인 지수 씨와 대현 씨의 WAM은 어떤 커플보다도 특별하고 달달하게 시작되었다.

샘내지 마라
부자 될 커플은 따로 있다
...

밀고 당기기가 끝나가는가?
더 괜찮은 상대가 나타날 것 같지 않은가?
결혼은 '이쯤'에서 결정하는 것이 아니다.
내 사람을 만나기 전부터 결혼날짜를 정해놓고
평생 청사진을 그려나가야 남부럽지 않게 살 수 있다.

Chapter 2

상견례보다 결혼날짜가 먼저!

WAM : 배우자가 없어도 결혼 디데이는 잡아라

목표 없이 이루어지는 꿈은 없다

가상의 결혼날짜부터 잡아라

몇 해 전 초봄, 잘 알고 지내는 출판사 에디터가 그해 10월 셋째 주 토요일에 결혼할 거라고 말해서 깜짝 놀랐다. 서른세 살인 그녀에게 몇 달 사이 결혼할 남자가 생긴 모양이었다. 어느새 날짜까지 잡았느냐면서 축하인사를 건넨 후 어떤 남자냐고 물었더니 그녀가 아무렇지도 않게 대답했다.

"제 계획이 그렇다는 말이에요. 그런데 아무래도 그때는 해야겠어요. 올해 만들 책 출간일정에도 반영해놨어요, 호호!"

평소 일처리에 빈틈이 없던 그녀에게 이렇듯 엉뚱한 면이 있었나 싶어 당황스럽기도 하고 재미있기도 했다.

　당시에는 우스갯소리로 들어넘겼는데, 그녀에게는 제법 진지하고 구체적인 계획이었던 모양이다. 그해 10월 말, 정말 청첩장이 날아왔다. 계획한 날짜는 아니지만 딱 한 달 늦어진 11월에 결혼한다는 것이었다. 부랴부랴 전화를 걸어 자초지종을 들어보니, 서른셋을 넘기고 싶지 않아서 그 어느 때보다 심기일전한 덕분에 좋은 남자를 만났다고 했다.

　그녀는 얼마 전 둘째까지 낳고 행복하게 알콩달콩 잘 살고 있다.

　나는 이 에디터의 이야기를 재무상담하러 오는 미혼남녀들에게 들려준다. 물론 그 전에 질문부터 한다. "언제 결혼할 계획입니까?" 그러면 사귀는 사람이 있든 없든, 대다수가 "2~3년 내에 결혼하고 싶다"고 대답한다(20대는 목소리에 자신감이 넘치고 30대 중반에 가까울수록 말꼬리를 흐린다는 점이 다르지만). 나는 계획을 물었는데, 그들은 희망사항을 이야기한다. 그렇다 보니 그들의 자산 포트폴리오도 실제로 2~3년 안에 결혼하기는 힘든 경우가 대부분이다.

　앞서 소개한 김경남-이미애, 최대호-서다연 커플도 마찬가지다. '언제 결혼할지'에 관한 구체적인 목표가 없었다. 목표가 분명하지 않으니 당연히 '남들 다 하는 결혼 어떻게든 되겠지'라며 안이하게 생활해왔다. 알뜰살뜰 살아온 경남 씨로서는 통장이 화수분인 양 퍼내기만 해온 대호 씨와 자신은 입장이 다르다며 언짢아하겠지만, 결혼을 위한 최소한의 자산을 가늠해보지도 않고 통장의 속사정도 모른 채 무관심했던 것은 다르지 않다.

구체적인 계획이 없을 경우, 미애 씨처럼 만기 전에 해약하면 원금도 회수할 수 없는 보험에 대부분의 자산을 묶어놓게 될 수도 있고, 다연 씨처럼 목돈 마련을 위한 기초공사조차 시작하지 못할 수도 있다. 다연 씨는 '결혼을 3년 안에는 해야지'라는 희망만 품고 있었다. 목표가 그렇게 막연하다 보니, 구체적인 준비에 대해서도 어떻게든 되겠지, 부모님이 도와주시겠지, 결혼상대와 의논해보면 해결되겠지 하면서 안이하게 생각해온 것이다. 하지만 그 허황된 기대의 결과는 이러지도 저러지도 못하는 진퇴양난의 상황으로 나타났을 뿐이다.

결혼을 준비하는 과정에는 돈문제보다 더 신경쓰이고 고민스럽고 싸울 문제가 너무나 많다. 결혼자금이 마련되었다 해도 결혼에 골인하기까지는 수많은 난관이 도사리고 있다. 결혼하고 싶은 상대가 없어서, 있어도 상대의 경제적인 여건이 여의치 않아서 마냥 기다려야 할 수도 있다. 그뿐인가. 결혼준비를 하다가 양가 가족들과의 갈등으로 결혼이 깨지는 일도 다반사다. 그나마 돈문제에서라도 놓여날 수 있어야 다른 문제들에 집중하면서 결혼이라는 인류지대사를 순탄하게 진행할 수 있는 것이다.

그래서 결혼을 언제 할 것인지에 대한 계획은 재무적인 관점에서 상당히 중요하다. 남은 기간에 따라 결혼자금을 준비하는 방법이 달라지기 때문이다. 적금만 해야 하는 경우도 있고, 적립식펀드와 같은 투자상품을 적절히 섞어야 하는 경우도 있다. 목돈은 예금에 넣어놓고 부족한 결혼자금을 조금이라도 더 확보하기 위해 ELS(주가연계증권) 같은 다소 복잡한 투자상품을 선택할 수도 있다. 그리고 한 가지 더, 구체적인 금액을 설정해야만, 남은 기간 동안 가장 효율적인 방법을 동원해서 차질없이 결혼자금을 마련해 원하는 시기에 결혼에 골인할 수 있다.

3년 안에 결혼하고 싶다면, 3년 안에 어떤 노력과 방법으로 그 목표를 이뤄낼 수 있을지 구체적으로 고민하고 실천해야 한다. 그런 노력이 있어야 상대를 '끌어당기는 힘'도 생기는 법이다. 주변에 결혼한 사람들의 이야기를 들어보라. 길 가다 '우연히' 만난 사람과 '어떻게든 되겠지' 하며 만나다가 '뜻하지 않게' 결혼해서 '되는 대로' 살고 있는지. 모두 저마다의 우여곡절과 갈등을 체계적으로 하나씩 극복해가며 자신들만의 결혼 이야기를 써왔을 것이다.

이 책을 읽고 있는 독자 중에는 이미 결혼날짜를 받아놓고 준비를 해나가는 사람도 있을 것이고, 이제 막 날을 정하고 설렘과 걱정으로 조금이라도 더 많은 정보를 얻기 위해 눈에 불을 켜고 책장을 넘기는 이도 있을 것이다. 하지만 대부분은 아직 구체적인 결혼날짜를 정하지 않았을 것이다. 그렇다면 이 책을 다 읽은 후에 바로 '나만의 가상 결혼날짜'부터 정하기 바란다. 그날을 내 인생에서 가장 행복한 날로 만들기 위해 지금부터 결혼에 필요한 모든 것을 전략적으로 준비해보자. 반드시 성공적인 결혼에 골인할 수 있을 것이다.

결혼은 반드시 해야 하는 것도 아니지만, 누구나 때가 되면 할 수 있는 것도 아니다. 우연을 필연으로 만드는 데는 노력이 필요하다. 결혼하겠다고 마음을 먹었다면 제일 먼저 언제 결혼하겠다는 목표부터 설정하자. 그 목표를 달성하기 위해 마음가짐, 시간과 돈의 씀씀이, 일상의 패턴을 어떻게 변화시켜야 할지 계획을 세워보자.

결혼 디데이까지 치밀하게 돈을 굴려라

결혼을 위한 자산모드로 전환하라

 가끔 나에게 "이런 남자(여자)와 결혼해도 될까요?"라고 물어보는 이들이 있다. 둘이 함께 상담을 받다가 남자친구가 자리를 비운 사이 "이 결혼, 해도 될까요?"라고 물었던 다연 씨처럼 말이다.

 아주 난감한 상황이 아니라면 나는 재무설계 전문가의 관점에서 조언을 해준다. 여자들에게는 배짱 대신 허세만 있는 폼생폼사형 남자, 재테크에는 통 관심이 없고 꿈도 없는 '한 달 벌어 한 달 사는' 전형적인 샐러리맨은 피하라고 조언한다. 남자들에게는 결혼적령기까지 부모님으로부터 경제적으로 독립하지 못한 채 용돈받아 품위유지해온 여자,

돈걱정이 많아 뭘 해도 '돈, 돈' 하는 여자라면 결혼해서 알콩달콩 살기는 쉽지 않을 거라고 귀띔해준다.

그러면서 내가 되묻는 말이 있다. "정작 당신은 미래의 배우자에게 어떤 사람일 것 같습니까?" 훌륭한 결혼상대, 부자가 될 배우자인지 아닌지 탐색하고 찾기 전에 나 자신이 먼저 그런 배우자가 될 준비를 하고 있는지 생각해보라는 말이다. 결혼 20년차 인생선배로서 수많은 시행착오 끝에 얻은 값진 교훈이니 귀담아들어주기 바란다.

그렇다면 부자가 될 상대가 되기 위해 어떤 준비를 해나가야 할까? 본격적으로 결혼에 대한 목표를 설정했다면 결혼비용 마련 대책부터 세워보자. 먼저 할 일은 결혼비용 예산을 짠 다음, 현재의 소비지출 내역을 잘 파악해 계획적인 소비패턴으로 바꿔서 저축을 물리적으로 늘리는 것이다. 현재 결혼자금 준비가 거의 끝난 상황이라도 마찬가지다. 적금이나 펀드, 보험 같은 금융상품들을 꼼꼼히 살펴서 내가 정한 가상의 결혼식을 준비하기에 적합하지 않은 불필요한 것은 모두 솎아내고 필요한 금융상품들로 대체하자. 나의 자산모드를 결혼을 위한 모드로 완전히 변신시켜야 결혼자금을 효율적으로 모을 수 있다.

이제껏 막연하게 정서적·과시적 소비를 해왔다면, 가계부를 쓰는 습관을 들여서라도 합리적인 소비생활을 몸에 익혀 저축을 물리적으로 늘려야 한다. 여성의 경우, 자신의 결혼자금을 마련해놓았다고 해서 준비가 끝나는 게 아니다. 또래 남자와 결혼을 할 계획이라면, 이미 서울이나 수도권 그리고 지방 대도시의 신혼집 값이 너무 올라서 남자가 부모님의 지원 없이는 전세금을 마련하기도 힘든 상황이다. 막연히 그 준비를 기다리거나, 그런 조건을 갖춘 남자들만 찾아헤매다가는 결혼은 또 3년 뒤로 미뤄지고 만다.

미애 씨는 보험회사로 옮긴 직장선배의 잘못된 재테크 조언 때문에 가입 후 5~6년이 지나야 원금이 보장되는 장기저축성보험에 가입했다. 남자친구와 결혼 이야기를 구체적으로 하게 되면서 보험회사에 해약환급금을 문의해보니, 지금까지 불입한 돈의 절반 정도인 1,250만 원밖에 회수할 수 없다고 했다.

"그동안 결혼할 때 쓰겠다고 매달 아끼고 아껴서 불입해왔는데, 막상 그 돈이 딱 필요한 때에 절반밖에 못 받는다니 너무 황당해요. 1,250만 원으로 어떻게 결혼준비를 하겠어요. 저한테 그 상품을 소개한 선배 언니는 2년만 넣으면 원금이 보장되고 이자도 팍팍 불어날 거라고 했단 말이에요."

미애 씨는 그 선배에게 결혼할 때도 해약하지 않고 중도인출 기능을 이용하면 충분히 결혼자금으로 사용할 수 있고, 10년이 지나면 비과세와 복리 혜택까지 톡톡히 볼 거라는 이야기를 듣고 보험상품에 덜컥 가입해 매달 수입의 절반 가까이를 보험료로 불입해왔다. 모아놓은 돈이 많지 않지만 혼수와 예단비용을 절약하면 내년에 결혼할 수 있을 거라는 꿈에 부풀어 있었는데, 남자친구의 연봉과 모아놓은 자금을 감안하면 빚을 져야 결혼을 할 수 있는 상황이었다. 그러나 빚을 지는 건 영 부담스러워서 결국 결혼을 미뤄야 하나 고민하고 있었다.

　미애 씨처럼 미혼여성들의 재무목표 1순위는 결혼자금 마련이다. 그러므로 현재 결혼할 남자가 있든 없든, 내 능력으로 결혼할 수 있는 경제적 토대는 마련해놓아야 한다. 그래야 이상형을 만났을 때 재정적인 고민 없이 바로 결혼을 결정할 수 있다. '지금 만나는 남자도 없는데 결혼자금 마련은 무슨?' 하는 생각에 명품백이나 고르고 다니면, 막상 좋은 남자가 나타나도 돈걱정 때문에 결혼 자체를 고민해야 하는 불행한 상황에 처할 수도 있다.

　나는 미애 씨와 함께 내년에 빚 없이도 결혼할 수 있는 방법을 찾아보기로 했다. 현재 13만 원씩 불입하고 있는 CI보험은 5~6만 원대로 확 낮추고, 월 60만 원씩 붓고 있는 비과세저축보험과 변액유니버셜보험은 과감하게 해약해서 적금으로 돌리면 된다. 그리고 1년 동안만이라도 본격적으로 결혼모드로 돌입해 불필요한 소비지출을 확 줄여서 적금을 80만 원으로 늘리면, 1년 후에는 여성 평균 결혼비용 2,936만 원(2011년 여성가족부 발표 기준)에는 조금 못 미치지만 결혼을 하는 데는 큰 문제가 없는 자금을 마련할 수 있다. 조금 부족한 비용은 발품을 팔아 절약하면 된다.

　미애 씨를 보면 가상의 결혼날짜를 정해놓고 전략적으로 준비하는 것이 얼마나 중요한지 알 수 있다. 3년 안에 결혼할 계획이라면 절대로 그런 보험상품에다 월급의 절반 가까이를 불입해서는 안 된다. 그런데 이런 사례는 비일비재하다. 골드미스 운운하며, 결혼연령이 갈수록 늦어지고 있으니 여성들도 독립적인 경제기반을 마련해야 한다면서 중장기상품을 권하고, 결혼할 때 중도인출 서비스를 이용하라는 보험회사 직원의 말에 솔깃해서 자신의 계획은 안중에도 없이 덜컥 계약한 경우가 태반이다.

과거의 실수로 인해 손해를 보고 아픔을 겪었다 해도, 미애 씨처럼 지금부터라도 전략을 잘 수립해 준비해나가면 된다. 자, 이제 결혼을 위한 자산모드로 전환하는 구체적인 방법에 대해서 알아보자.

첫째, 결혼비용을 확정하라

우선 결혼비용부터 정하자. 이때 부모님의 도움 없이 준비할 수 있는 평균적인 목표를 설정하는 것이 중요하다. 결혼식은 이제부터 시작될 '결혼생활'의 출발선이다. 친구가 호텔에서 화려하게 결혼식을 올리고 예물로 샤넬백과 티파니 다이아반지를 받았다고 해서, 내가 처한 현실을 감안하지 않고 섣불리 흉내내려 해서는 안 된다. 어렸을 때 엄마에게 들은 '엄친아' 스토리에 얼마나 짜증나고 절망했었는지 생각해보라. 자신만의 결혼 이야기를 만들 소중한 기회를 스스로 차버리지 말자. 왜 스스로를 초라하게 만드는가? 현실적인 목표와 나만의 스토리를 만들어보자.

결혼비용을 정했다면, 그 목표를 마음 깊이 새겨서 꼭 달성하겠다는 각오를 다져야 한다. 결혼에 대한 막연한 상상이 구체적인 생각으로 전환되는 터닝포인트가 될 것이다.

둘째, 불필요한 보장성보험은 무조건 정리하라

재무상담을 하다 보면 제일 큰 골칫거리 중 하나가 바로 과도한 보장성보험료다. 보험이 없거나 보장 내용이 부실한 것도 문제지만, 불필요하게 과도한 보험료가 나가서 문제 되는 경우가 더 많다. 보장성보험의 목적은 평소에 푼돈을 내서 목돈이 필요한 만일의 위험에 대비하는 것이다. 결혼 후에는 남편과 자녀들의 보험료까지 내야 한다는 점도 감안해야 한다. 가족의 보험료를 합산하면 예상외로 큰 부담이 되어 살림살이에 멍이 드는 경우가 많다.

20~30대 미혼여성의 경우, 100세까지 보장받고 20년간 납입하는 것을 기준으로 월 5~7만 원 정도면 충분하다. 이 금액보다 많다면 리모델링을 고려해야 한다. 주요 보장으로는 실손의료비를 위주로 암과 성인병 그리고 상해나 배상 정도의, 반드시 필요한 보장특약만을 선택해서 보장성보험을 구성하면 된다.

결론적으로, 비용이 많이 드는 보험은 피하라는 말이다. 잘못 가입한 것을 수정할 때 가장 큰 손해를 보는 것이 보험이다. 덧붙이자면, 보험을 가입할 때 해약환급금에 미련을 두면 비싼 대가를 치르게 된다. 잘 가입한 보험은 해약할 이유가 없다. 100세 만기 시점에 1,440만 원(월 보험료를 6만 원이라고 가정했을 때 20년 동안 불입한 총보험료)의 실제가치가 얼마 정도 될까? 놀라지 마시라. 현재가치로 약 92만 원이다(30세 기준, 연평균 물가상승률 연 4% 가정).

셋째, 수익보다 원금 보존을 더 중요하게 생각하라

3년 내에 결혼할 계획이라면 자산운용의 핵심은 절대수익보다는 원금의 최대한 보존이다. 이제는 옛이야기가 되었지만, 2008년 글로벌 금융위기로 촉발된 동시다발적인 글로벌 주가폭락으로 수많은 펀드가 반토막났다. 그 와중에 결혼을 앞둔 많은 커플이 피눈물을 흘렸다. 부족한 결혼자금을 조금이라도 불려보려고 펀드에 '몰빵투자'했다가 반토막이 나는 바람에 대부분 결혼을 미뤄야 했지만, 개중에는 사이가 틀어져 남남이 된 커플도 적지 않다.

그때만 해도 펀드에 대해 제대로 공부하지 않고 '묻지마' 식으로 투자하는 경우가 많았다. 정작 투자해야 할 때는 불입을 멈추고, 주가가 상승할 때는 한 푼이라도 더 수익을 올리려고 너도나도 추가 불입하는 역주행을 하다가 결국은 손실을 떠안았고, 이는 결혼을 앞둔 커플들에게는 큰 재앙이 되었다.

요즘은 비과세저축보험 마케팅이 극성이다. 은행에 가도 10년 이상 저축하면 '비과세'라면서 장기저축보험을 권하고, 보험회사 설계사들도 '복리'를 부르짖으며 장기저축보험 판매에 열을 올리고 있다. TV 홈쇼핑 채널에서도 판매 종료까지 몇 분 안 남았다는 쇼핑호스트의 다급한 목소리가 쟁쟁하게 울리고, 텔레마케터들도 비과세적금(실은 장기저축보험이다)에 가입하면 원금의 반을 이자로 받게 된다고 유혹하면서 전화를 못 끊게 한다.

물론 10년 이상 저축을 하면 비과세이고 복리효과도 있다. 그런데 정작 중요한 것은, 내가 결혼하려는 3년 안에는 원금에 훨씬 못 미친다는 사실이다. 1~2년은 말할 것도 없고, 3년 후에 결혼하려고 하는데 돈이 모자라면 어떻게 할 것인가? 해약이 최선이다. 하지만 그러면 원금도 못 돌려받는다. 다른 방도가 있는가? 없다!

이 책을 읽는 독자들 중 결혼자금 마련이 재무목표 제1순위인 사람은 장기저축보험 보기를 돌같이 하라. 노후준비를 조금이라도 적은 부담으로 미리 해두기 위해 연금상품에 가입하는 것이 아니라면, 결혼을 준비하는 이들에게는 적합하지 않은 상품이다. 3년 안에 '원금 보존+a'가 가능한 상품 말고는 '돌다리도 두드려보고 건너듯' 금융상품을 샅샅이 살펴보고 가입해야 한다.

넷째, 디데이에 가까워질수록 투자자산을 안전자산으로 전환하라!

현재 적립식펀드 유형의 투자방법으로 돈을 모으고 있다면 어떻게 해야 할까? 시중은행의 예·적금 이자율로는 돈을 잘 불릴 수 없기 때문에 일부는 적립식펀드 같은 투자상품을 이용하게 된다. 원하는 시기에 원금이 보장되지는 않더라도 수익을 조금이라도 더 올리려는 노력은 필요하다. 단, 투자상품에 장기적으로 투자한다고 해서 3년 정도면 반드시 수익이 날 거라는 확신은 버려야 한다. 결혼자금이 필요한 시점에 2008년의 글로벌 금융위기와 같은 폭락사태가 일어나지 않으리라는 보장은 없다.

1~2년 내에 결혼이 예정되어 있다면, 적립식펀드 같은 투자상품은 피하는 것이 바람직하다. 이자가 적어도 은행의 예·적금이 결혼자금 마련에 더 적합하다. 1~2년 내에 결혼할 사람들에게는 절대수익보다 원금을 지키는 것이 우선이다.

그렇다면, 이미 적립식펀드에 가입해 돈을 불입하고 있는 경우에는 어떻게 해야 하나? 그럴 경우 목표수익률을 설정해놓고 거기에 도달하면 환매해서 원금을 지킬 수 있는 금융상품으로 갈아타야 한다. 이때 목표수익률은 합리적으로 설정해야 한다. 목표수익률을 연 20~30퍼센트로 높게 잡으면 환매나 수익 실현 타이밍을 놓칠 수 있다. 보통 은행예금 이자율의 두세 배인 연 8~12퍼센트 정도면 합리적이다.

이미 결혼자금 마련이 완료되었다면, 부담없이 적립식펀드 같은 상품에 투자해서 조금 더 높은 수익을 추구하는 것도 좋다. 하지만 이 경우에도 역시 목표수익률을 설정해서 적절한 시기에 이익을 실현하는 것이 현명하다.

결혼계획이 3년보다 더 뒤라면, 예금과 펀드의 비율을 7 : 3 또는 좀 더 과감하게 5 : 5 정도로 가져가다가, 결혼시기가 가까워질수록 펀드의 비중을 줄여가면 된다. 목표한 결혼자금이 마련된 후에는 원칙대로 투자를 계속한다. 예정한 결혼시기에 따라 '안전자산 : 투자자산'의 비율을 설정하고, 디데이에 가까워질수록 안전자산으로 전환하는 속도를 빠르게 진행하면 된다.

다섯째, 저축을 물리적으로 늘려라!

가상의 결혼날짜까지 남은 시간 동안 내가 모아야 하는 순자산(자산-부채)과 현재까지 내가 모은 순자산의 차이를 계산해보라. 그러면 지금부터 예정된 시점까지 부족한 자금을 마련하기 위해 매달 최소한 얼마를 저축해야 하는지 알 수 있다. 이때 이자율이나 수익률은 감안하지 말고 단순하게 원금만 더해서 계산하자. 투자를 통해 좀더 빨리 돈을 불릴 수 있다는 생각도 일단은 내려놓자. 대박이 있다면 쪽박도 있다.

결혼계획이 3년 후이고 결혼자금 목표가 3천만 원인데 현재 순자산이 1천만 원이라고 가정해보자. 단순히 계산해서, 남은 36개월 동안 매달 약 55만 원을 저축 또는 투자해야 한다. 현재 월 55만 원 이상 저축하고 있거나 저축할 수 있다면 걱정할 필요 없지만, 그럴 수 없을 경우에는 문제가 발생한다. 빚을 얻거나 부모님에게 부담을 주지 않고 선택할 수 있는 방법은 두 가지뿐이다. 결혼을 연기하거나, 지출을 절대적으로 줄여 저축을 늘리는 방법이다. 허리띠를 조여 먼저 결혼자금부터 마련해놓은 다음, 소비지출에 여유를 주면 된다.

그런데 언제 할지도 모르는 결혼을 대비해 목돈을 마련하겠다고, 먹을 것 안 먹고 입을 것 못 입어가면서 돈을 모아야 한다면, 스트레스를 받을 수밖에 없고 다른 유혹에 빠지기 쉽다. 하지만 구체적으로 3년 후 결혼하겠다고 스스로 목표를 세웠다면, 이 정도 스트레스는 감내할 수 있다. 그래서 목표가 중요한 것이다. 목표는 곧 꿈이기 때문이다.

들뜨지 마라
남들도 다 하는 결혼이다
...

평생 한 번인데 평생 추억이 되어야 한다고?
가족들, 친구들 보기에 부끄럽지 않아야 한다고?
결혼은 나만 하는 게 아니다.
통장 탈탈 털어 결혼식에 올인하지 말고
WAM으로 부자 될 준비부터 하자.

Chapter 3

결혼준비보다
부자 될 준비가 먼저!

WAM : 결혼비용을 아껴 평생 자산화하라

웨딩드레스가 화려할수록 결혼생활은 구질구질해진다

"이러다가 결혼을 미뤄야 할지도 모르겠어요."

경남 씨가 어느 날 나를 찾아와서 한숨을 쉬며 말했다. 미애 씨와 함께 와서 재무상담을 받은 후, 그는 내가 하는 재테크강의도 여러 차례 들었고 금융상품에 대해 상담을 요청하기도 했다. 그런데 내년 초에 결혼하겠다던 계획에 차질이 생긴 모양이었다.

"내년 봄엔 꼭 결혼할 생각이었는데, 미애 부모님 만나 인사드리고 나니 자신이 없어지네요. 집은 어떻게 할 생각이냐고 물어보시는데, 거짓말로 모면할 수도 없고 해서 아파트 전세 얻기에는 돈이 부족하다고 솔직하게 말씀드렸더니 표정이 굳어지시지 뭐예요. 미애가 아직 나이가 많지 않으니 결혼을 미루고 좀더 열심히 돈을 모아 작은 평수라도 아파트 전세를 얻어서 시작했으면 좋겠다고 하시네요."

결혼할 때 가장 큰 부담이자 문제의 발단인 신혼집 마련이 경남 씨의 발목을 잡은 것이다. 경남 씨는 첫 재무상담 때보다 500만 원 정도 더 모은 상태였다. 덜 먹고 안 쓰고 모은 돈이었다. 재테크에 대한 관심도 생겼고 공부도 하고 있지만, 결혼을 결심한 상황이라 수익보다는 원금 보존 중심으로 저축액을 늘리는 방식을 그대로 유지하기로 했다. 내년 봄이면 700만 원쯤 더 모을 수 있을 것이고, 총자산은 약 5,200만 원이 된다. 결혼식 비용은 차치하고라도, 연립주택 전세도 얻을 수 없는 돈이다. 아파트 전세는 그야말로 언감생심이다.

결혼에 대한 두 사람의 의견이 맞아떨어진다고 해도 양가 부모님의 생각까지 같기는 쉽지 않다. 그래서 결혼이 어려운 것이다. 이 경우 두 사람이 결혼자금으로 모아놓은 돈을 합해서 신혼집을 마련할 수도 있다. 하지만 미애 씨 역시 모아둔 돈이 많지 않고, 그나마도 보험에 묶여 있어 보탤 수 있는 상황이 아니었다.

경남 씨는 전세금대출이라도 받을 생각으로 아파트 시세를 알아보았다. 결혼 후에도 미애 씨가 계속 일을 할 예정이라 두 사람 모두 출퇴근이 용이한 자양동을 알아봤는데, 그야말로 '억!' 소리가 났다고 한다.

"지은 지 20년 가까이 된 20평짜리 아파트 전세금이 2억 2천만 원이

더라고요. 아무래도 자양동 쪽은 무리인 것 같아, 출퇴근은 조금 어렵더라도 서울 외곽 아파트를 알아봤어요. 그런데 역시나 최소 1억 5천만 원은 있어야 가능하겠더군요. 미애는 은근히 저희 부모님께 도와주실 수 없는지 물어보라는 눈친데, 시골에서 평생 농사나 지으며 사신 분들에게 몇천만 원 목돈이 어디 있겠어요."

경남 씨가 서울 외곽의 69제곱미터(약 21평)형 아파트를 신혼집으로 마련하려면 은행에서 1억 원의 전세금대출을 받아야 한다. 그런데 부부의 합산연봉이 4,800만 원으로, 저리로 신혼부부 전세금대출을 받을 수 있는 부부 합산연봉 상한선 4,500만 원을 초과한다. 신혼부부 전세금대출을 받지 못하고, 연 5.4퍼센트의 이자만 내다가 2년 후 만기에 원금을 일시상환하는 방식으로 대출을 받을 경우, 1억 원에 대해 매달 나가는 대출이자만 45만 원이다.

두 사람의 월평균 급여 400만 원에서 대출이자와 생활비, 경조사비, 효도비 및 보험료 등을 빼고 나면 평균적으로 매달 150만 원이 남는다. 이 돈을 한 푼도 쓰지 않고 꼬박 67개월을 모아야 원금 1억 원을 다 상환할 수 있다. 그나마 67개월 만에 빚을 완전히 갚으려면 아무런 변수도 생기지 않아야 한다. 작은 변수라도 발생하면 5년이 아니라 10년이 지나도 빚을 다 갚지 못한다.

제일 가능성이 큰 변수는, 2년 후 전세계약 만료 시점에 집주인이 전세보증금을 올려달라고 요구하는 것이다. 요즘 일반적으로 20평대 아파트를 재계약하려면 2~3천만 원 정도는 올려줘야 한다. 이럴 경우 그 집에 계속 살려면 그동안 빚을 갚으려고 모아온 목돈(월 150만 원×2년=3,600만 원, 이자수익 감안하지 않음)의 대부분을 전세보증금을 올려주는 데 써야 한다.

또 다른 변수도 있다. 만일 미애 씨가 임신을 해서 출산 전후로 휴직을 하게 되면 소득이 줄어든다. 출산 후에는 보육문제로 또 상당한 지출이 필요하다. 부모님이 따로 용돈(수고비)을 받지 않고 손주를 길러주시지 않는 한, 미애 씨의 세후월급 150만 원 중 80~120만 원은 도우미를 쓰는 비용으로 지출해야 한다. 정부의 무상보육 정책으로 보육비용이 일부 줄어들 수는 있지만, 어쨌든 보육비는 들게 마련이고 그만큼 빚 갚을 돈을 모으는 속도는 늦어진다.

더 큰 변수가 발생할 수도 있다. 맞벌이를 하다가 두 사람 중 하나 또는 둘 모두 일정 기간 직장을 잃을 수도 있다. 한창 일할 나이기는 하지만, 글로벌 금융위기와 같은 국가적 사태나 회사의 경쟁력 저하에 따라 자신의 의사와는 관계없이 직장을 그만두게 되는 경우도 있다.

서글픈 일이 일어나기도 한다. 맞벌이부부들의 경우, 우리 사회의 보육환경이 열악해서 아내가 직장생활과 육아를 모두 온전히 해내기가 어렵다. 어느 순간 지치고 힘들어 육아에만 전념하려고 해도, 빚 때문에 울며 겨자 먹기로 직장을 다녀야 하는 가슴 아픈 경우도 적지 않다.

요즈음 신혼부부들의 경우 전세금대출을 받아 신혼집을 마련하는 비율이 높아지고 있다. 빚과 함께 신혼생활을 시작하는 셈이다. 그래서 웨딩푸어가 허니문푸어가 되고, 허니문푸어가 하우스리스푸어로 전락하는 것이다. 최근 자료에 따르면, 평균 결혼비용이 자그마치 2억 원이 넘는다. 결혼연령이 30대 초반으로 높아지긴 했지만, 사회생활 6년 정도에 두 사람이 2억 원을 마련하기는 쉽지 않다. 부모님의 도움을 받지 않고는 빚 없이 결혼할 엄두조차 못 낸다는 말이다. 하지만 남들이 다 이 정도의 비용으로 결혼한다고 나도 빚을 내서 결혼하는 게 당연한 일일까?

빚지고 시작하는 신혼은 평생 빚잔치를 예고한다

 모든 일은 첫 단추를 어떻게 꿰느냐에 따라 달라진다. 결혼생활도 예외가 아니다. '신혼집은 남자가 준비해야 해' vs '여자도 보탤 수 있어', '빚을 지더라도 아파트에서 시작해야 해' vs '체면보다 실속을 택할래', 이 선택의 차이가 결혼 후 5년 만에 놀라운 결과의 차이를 초래한다.
 요즘 젊은 남녀들은 신혼집을 남들에게 보여주는 집, 일종의 모델하우스라고 생각하는 것 같다. 우리는 아파트를 살 때 모델하우스를 보고 그 집을 평가하고 구매를 결정하기도 한다. 하지만 모델하우스가 그 집의 진짜 가치를 온전히 다 보여줄 수는 없다. 신혼집도 마찬가지다. 남

들의 시선과 체면 때문에 결혼과 동시에 빚을 떠안는 우를 범하지 말자. '빚으로 지은 집'에서는 신혼생활의 행복을 누릴 수 없다. 언제 무너질지 모르는 사상누각 같은 모델하우스에서 어떻게 마음 편히 알콩달콩 아름다운 미래를 꿈꿀 수 있겠는가.

부동산투자에 일가견이 있는 어느 '사모님'이 들려준 이야기가 생각난다. 10여 채가 넘는 아파트를 전세나 월세로 관리하는데, 절반 이상의 세입자가 신혼부부라고 한다. 그런데 최근 강남에 있는 작은 아파트에 전세로 들어온 신혼부부 한 쌍이 6개월 만에 나가겠다고 연락을 해 왔다. 오래된 아파트라면서 도배하고 싱크대까지 교체하고 들어오기에 몇 년은 살겠구나 생각하고 있었는데, 6개월 만에 복비까지 물고 나가겠다니 무슨 사연이 있나 싶어 부동산에 물어봤단다. 혹시 벌써 이혼이라도 하는 건 아닌지 은근히 걱정이 됐는데, 돌아온 대답이 더 황당했다. 지난 6개월 동안 집들이를 한 달에 두세 번은 할 정도로 사람들을 많이 초대했는데, 이제 더는 집을 보여줄 사람도 없고 해서 인근 연립주택으로 이사를 가겠다는 것이었다. 이 아파트에 들어오기 위해 2억 원 가까이 빚을 냈는데, 도저히 갚을 엄두가 나지 않아서 이사를 결심했다고 한다. 하지만 인근 연립주택도 1억 원 가까이 빚을 져야 들어갈 수 있는 상황이었다.

그 사모님은 본인도 아들을 둘이나 둔 부모인지라 30대 초반 젊은 부부의 철없는 이야기가 남의 일 같지 않다면서 혀를 찼다. 부엌 딸린 방 한 칸짜리 전셋집에서 시작해 수도 없이 이사를 다닌 자신의 신혼시절을 떠올리며 씁쓸한 웃음을 지었다.

신혼집의 진정한 의미와 실용적인 쓰임새에 대해 곰곰이 생각해보자. 살아보면 아기를 낳기 전까지 부부가 신혼집에서 보내는 시간은 생각보다 많지 않다. 집들이할 때를 제외하고는 찾아오는 사람도 별로 없다. 게다가 맞벌이를 하면 아침 일찍 출근했다가 밤늦게야 돌아오게 된다. 주말이나 휴일에도 외출을 하거나 부모님 댁을 방문하는 등 집이 비는 경우가 많다.

그렇게 많은 시간 비어 있을 집을 더 번듯한 것으로 마련하기 위해 결혼을 늦추거나 감당하기 힘든 빚을 떠안을 필요가 있는가? 차라리 '빚 없이' 조촐하게 시작해서 빨리 돈을 모아, 다음 단계에 지금 신혼집으로 마련하고 싶은 집 정도의 규모로 이사를 가는 게 더 현명하다. 혼자 노력하는 것보다 두 사람이 협력하면 훨씬 빠른 시간 내에 꿈을 이룰 수 있다.

경남 씨처럼 처음부터 빚을 내서 시작하려는 커플과, 비슷한 재정상황이지만 빚을 내지 않고 소박하게 시작하는 또 다른 커플의 5년 후 자산현황을 살펴보면 내 조언이 훨씬 더 실감날 것이다. 이 두 커플의 월 수입이나 생활비 지출 패턴은 서로 다르겠지만 여기서는 동일하다고 가정하고, 연간 소득 상승이나 이자수익도 없다고 했을 때, 결혼 시작 시점과 5년 후 두 가계의 자산-부채 현황을 비교해보자(93~94쪽 도표 참조).

두 커플이 똑같이 벌고 지출한다고 가정할 때, 처음의 순자산 3천만 원 차이가 5년 후에는 6천만 원으로 더 벌어진다. 10년 정도 지나면, 특별한 변수가 없는 한 그 차이를 줄일 수 없다. 소비지출 습관이나 저축 습관이 비슷하다고 가정해도, 1억 원의 빚을 떠안고 시작하는 결혼생활과 빚 없이 시작하는 결혼생활은 결혼하는 순간부터 차이가 나기 시작해 시간이 흐르면 흐를수록 '복리(!)'로 격차가 벌어진다.

 1억 원의 빚을 지고 시작할 경우 경남 씨 커플의 자산-부채 현황

자산	부채
아파트 전세보증금 : 1억 5,000만 원	전세금대출 : 1억 원
자산계 : 1억 5,000만 원	부채계 : 1억 원
순자산 : 5,000만 원	
수입	지출
월 400만 원(부부 합산)	생활비 : 200만 원 전세금대출 이자 : 50만 원
저축 여력 : 150만 원	

빚 없이 시작하는 커플의 자산-부채 현황

자산	부채
연립주택 전세보증금 : 8,000만 원	없음
자산계 : 8,000만 원	부채계 : 없음
순자산 : 8,000만 원	
수입	지출
월 400만 원	생활비 : 200만 원
저축 여력 : 200만 원	

1억 원의 빚을 지고 시작할 경우 경남 씨 커플의 5년 후 자산-부채 현황

자산	부채
아파트 전세보증금 : 1억 5,000만 원 금융자산 : 9,000만 원	전세금대출 : 1억 원
자산계 : 2억 4,000만 원	부채계 : 1억 원
순자산 : 1억 4,000만 원	

 빚 없이 시작한 커플의 5년 후 자산-부채 현황

자산	부채
연립주택 전세보증금 : 8,000만 원 금융자산 : 1억 2,000만 원	없음
자산계 : 2억 원	부채계 : 없음
순자산 : 2억 원	

요즘 대출금으로 1억 원쯤은 대수롭지 않게 생각하는 경향이 있다. 하지만 돈을 모아보면 안다. 1억 원을 모으려면 얼마나 많은 시간과 노력이 필요한지. 내 고객들의 재정상황을 봐도 금융자산을 1억 원 정도 보유한 미혼이나 신혼부부는 정말 찾아보기 어렵다.

시간이 흐르고 열심히 살면 금융자산이 자연스럽게 늘어날 것 같지만, 살아가면서 쓸 돈은 점점 많아지고 또 대부분의 돈이 집에 묶여 있기 때문에, 생각처럼 현금자산이 잘 모이지 않는다. 게다가 1억 원을 대출받으면 매달 돈을 빌린 대가를 은행에 지불해야 한다. 이자비용만큼 저축을 못하는 것이다.

물론 아기를 낳고 아이가 성장하면서 집을 구입해야 하는 시기는 온다. 요즘은 집값이 너무 비싸기 때문에 대출 없이 집을 사기는 매우 어렵다. 그런데 내 집이 아닌 전세로 살 때부터 빚이 있으면 '내 집 장만'은 더 요원한 일이 되고 만다. 전세금 상승을 쫓아가기도 숨이 가쁘기 때문이다. 그런 상태에서 행여 무리하게 빚을 내 집을 사게 되면 이른바 '하우스푸어'가 내 가족의 이야기가 된다. 평생을 빚에 치여 기본적으로 써야 할 것도 제대로 못 쓰면서 하루하루 마음 졸이며 살게 된다. 순간의 잘못된 선택으로 인해 나와 가족의 미래까지 저당 잡히는 셈이다.

결혼은 결혼생활이라는 장기레이스의 출발선이다. 긴 여행을 시작하는 사람은 몸이 가벼워야 한다. 남들 사는 모습이나 남의 눈을 의식하지 말고 지금의 나, 우리 가족의 상황에 맞춰 실속있는 선택을 해야 한다. 친구들의 화려한 신혼생활 이면에는 남들에게 말할 수 없는 고민이 도사리고 있을지도 모른다. 내가 부러워하는 그들의 예쁜 집이 빚으로 지은 집일 수도 있다.

처음에는 만족스럽지 못하더라도 빚 없이, 형편에 맞춰 시작하자. 목표를 세워 3년 정도만 노력하면 내가 정말 부러워했던 친구들의 모습이 내 모습이 될 수 있다. 살다 보면 신혼 때에나 남의 눈 의식하지 않고, 자식들 눈치 안 보고 조금 불편하고 폼이 덜 나도 즐겁고 행복하게 살 수 있다. '우린 신혼이니까, 이제 시작하는 거니까' 서로 위안하며 재미있게 살 수 있는 시기는 신혼 때밖에 없다.

신혼집이 분수에 넘치면 부자 될 싹수는 안 보인다

"서울이나 수도권에 거주하고 있는 30대 중반 남녀의 미혼 비율은 몇 퍼센트나 될까요?"

미혼남녀를 대상으로 상담이나 강연을 할 때 내가 반드시 하는 질문이다. 대부분 즉답을 하지 못하고 고개를 갸웃거리는데, 내가 50퍼센트에 육박한다고 하면 다들 깜짝 놀란다. 이어서 남자는 결혼을 '못' 하고 여자는 '안' 한다고 말하면 재미있다는 표정으로 나를 쳐다본다. 남자들은 돈이 없어서 '못' 하고, 여자들은 돈 없는 남자와 궁상떨며 살 바에야 하고 싶은 일 하면서 '화려한 싱글' 생활을 즐기고 싶어서 '안' 한다고 덧붙이면, 남자들의 표정은 대번에 어두워지고, 여자들은 흥미로운 듯 생글생글 웃는다.

물론 남자들이 자신감을 회복할 멘트도 잊지 않는다. 여자들도 30대 중반이 되면 결혼을 '안' 하는 것이 아니라 '못' 한다고. 능력있는 30대 중반 남자들은 또래인 30대 중반 여자가 아니라 20대의 젊은 여자와 결혼을 하니까. 이때는 결혼할 남자를 자신이 선택하는 것이 아니라, 선택받아야 하므로 결혼을 '못' 할 수도 있다는 것이다.

내가 결혼생활을 시작한 1990년대 초만 하더라도, 결혼할 때 남자들이 신혼집을 마련하기가 지금보다는 훨씬 쉬웠다. 69제곱미터(약 21평)형 아파트의 전세보증금이 4천만 원(물가상승률을 연평균 4%로 가정할 때, 현재가치로 약 8,640만 원) 정도였다.

그리고 그때는 내 또래 친구들 대부분이 다세대주택의 반지하에서 신혼살림을 시작했고, 조금 형편이 나은 친구들이 지상이나 20평 내외의 소형 아파트 전세로 출발하는 것을 당연하게 여겼다. 여자들도 주변 친구들이 대부분 그렇게 시작하니, 조금 초라한 셋집에서 시작하는 결혼생활에 큰 아쉬움을 느끼지 않았다.

당시에는 '집은 남자, 혼수는 여자'라는 공식이 서로에게 별로 부담스럽지 않았고, 대부분 30세 이전에 결혼했다.

그런데 지금은 상황이 달라졌다. 이제 '집은 남자, 혼수는 여자'라는 공식이 당연한 이야기가 아니다. 빚 없이 20평대 아파트 전세로 신혼을 시작하는 것은, 모두들 꿈꾸지만 실현하기는 쉽지 않은 목표가 되었다. 서울과 수도권의 20평 내외 아파트 전세보증금은 대부분 1억 5천만 원 내외다. 남자들이 3~4년 돈을 모아 마련할 수 있는 수준이 아니다. 만일 그 시기에 결혼을 하려면 부모님이 부유하거나, 지방에서 신혼생활을 시작하거나, 평범한 부모님의 노후자금을 헐어 쓰거나, 아니면 빚을 지는 수밖에 없다.

이런 시대에 '결혼할 때 집은 당연히 남자 혼자 마련해야 한다'는 통념과 '최소한 서울이나 수도권의 20평대 아파트에서 시작해야 한다'는 조건은 폐기해야 한다. 그러지 않으면 현재 50퍼센트에 육박하는 미혼율은 더 상승할 가능성이 높다. 신혼집에 대한 부담이 더 커지면 그 비율은 천정부지로 치솟고, 결혼을 아예 못하는 남녀의 비자발적 비혼(非婚)이 늘어날 것이다.

이렇듯 비현실적인 결혼문화를 바꾸려면 먼저 여자들이 달라져야 한다. 우리나라에서 여자들은 보통 서너 살 연상의 남자와 결혼하는 경우가 많은데, 그들은 예전보다 취업이 어려워진 탓에 스펙을 쌓느라 학교를 오래 다니고 군대도 갔다와야 한다. 졸업 후에 취업재수를 하는 경우도 있다. 이런 상황에서 불과 2~3년 안에 2억 원 가까운 결혼자금을 어떻게 마련하겠는가? 동갑이나 연하는 더 말할 것도 없다.

그러니 여자들이 먼저 결혼에 관한 통념을 버려야 한다. 일반적으로 여성들은 직장생활을 4~5년 하면 부모님 도움 없이 3~5천만 원은 결혼자금으로 비축하게 된다. 그런데 이 정도 자금이 마련되면, 이후에는 돈을 모아야 된다는 생각이 느슨해지고 소비가 느는 경향이 있다.

이제 생각을 바꿔보자. 내 결혼자금 준비가 끝나도, 결혼할 남자가 아직 준비되어 있지 않으면 결혼을 할 수 없다. 그런 경우에는 여자도 다시 결혼자금 마련 모드로 돌아서야 한다. 아예 신혼집도 함께 마련하겠다는 목표를 세우고, 혼수나 예단을 포함해 쓸데없는 결혼비용을 최대한 줄이면, 결혼하고 싶을 만큼 좋아하는 남자의 부담도 덜어주면서 결혼시기도 앞당길 수 있다. 남들처럼 다 갖춰서 결혼하겠다고 생각하지 마라. '남들처럼' 살려고 결혼하는 건 아니지 않은가.

그렇게 신혼집을 마련하는 데 힘을 보태고, 당당하게 공동명의로 설정하자. 남자의 집이 아닌 우리의 집을 마련한다고 생각하면 더 힘이 날 것이다. 신혼집을 남자가 전적으로 혼자 준비했으면 공동명의로 하자는 요구가 낯간지러울 수도 있지만, 같이 노력해서 마련한 집이라면 반드시 여자의 재산권 보호나 향후 절세 차원에서라도 공동명의로 설정하는 것이 좋다.

한 친구가 작년에 아버님이 돌아가셔서 어머님과 함께 상속을 받게 되었다. 그 친구의 부모님은 젊을 때부터 부부가 함께 벌어 상속세를 내야 할 정도의 재산을 만드셨다. 그런데 모든 재산의 명의가 아버님으로 되어 있었다. 어머님의 경우 근로소득자는 아니었지만 분명히 같이 벌어 현재의 재산을 만들었는데, 국세청에서 어머님의 재산을 인정해주지 않아 더 많은 세금을 내야 했다. 가계재산 형성에 대한 당신의 노력과 기여가 이렇게 취급받는다면 억울하지 않겠는가. 그러니 부부 공동재산의 출발점인 신혼집부터 함께 마련하고, 재산에 대한 권리도 자연스럽게 함께 누리자.

함께하면 행복도 '복리'로 늘어난다

신혼집 마련 문제로 고민하던 경남 씨는 내가 보여준 자산 시뮬레이션 내용을 가지고 미애 씨와 많은 이야기를 나눈 것 같았다. 일단 내년 봄에 결혼하겠다는 생각을 접고, 1년 뒤에 두 사람이 합쳐서 1억 원을 모아 아파트는 아니지만 신축한 연립주택 전세를 얻고 남은 돈으로 결혼 비용을 하기로 했다. 신혼집도 가능하면 미애 씨 회사 근처로 마련해서 살림을 하는 데 편리하도록 하자는 이야기까지 한 모양이었다. 물론 미애 씨 부모님을 설득하는 일이 남았지만, 두 사람이 한마음으로 의견을 모아 정한 만큼 이해해주시리라 믿고 있었다.

비록 결혼날짜는 예정보다 1년이나 미뤄졌지만, 이번 기회에 두 사람은 좀더 솔직하게 많은 이야기를 나눌 수 있었고, 결혼 후의 미래에 대해서도 구체적인 계획을 세우면서 새로운 희망과 목표가 생겨 관계가 더 돈독해졌다고 했다.

결혼을 앞두고 누구나 가장 먼저 고민하게 되는 신혼집 때문에 갈등을 겪는 커플은 부지기수다. 집 문제로 갈등의 골이 깊어져 결혼이 깨지는 경우도 있고, 무리하게 대출을 얻어 빚으로 지은 집에서 불안하게 시작하는 경우도 있지만, 경남 씨 커플처럼 결혼을 미루되 더 탄탄한 기반을 마련해서 시작하는 경우도 많다.

5년 전에 상담을 했던 수희 씨가 떠오른다. 당시 28세였던 그녀는 오래전부터 사귀어온 남자친구가 결혼비용을 마련해놓은 것 같지도 않은데 빨리 결혼하자고 성화를 부린다며 고민을 털어놓았다. 자신은 대학 졸업 후 바로 취업해서 4년 동안 직장생활을 해 결혼자금 정도는 모아놓았지만, 동갑인 남자친구는 대기업에 다니고는 있지만 직장생활을 시작한 지가 1년밖에 안 돼 아직 준비가 되었을 리 없는데 무슨 생각으로 그렇게 결혼을 서두르는지 모르겠다고 말이다. 그녀는 워낙 똑부러지는 성격에 소비지출 습관도 좋았기 때문에, 목표에 맞춰 금융상품을 조금만 리모델링하면 별로 손볼 게 없었다. 문제는 재정적 기반이 전혀 없는 남자친구의 상황이었다. 그녀는 나에게 남자친구를 상담해달라고 부탁했다.

이후 한동안 연락이 없기에 남자친구가 나에게 상담받을 의사가 없는 모양이라고 생각했다. 그런데 어느 날, 수희 씨의 남자친구로부터 나를 만나고 싶다는 연락이 왔다. 퇴근 후 늦은 시간에 사무실로 찾아온 그는 키도 훤칠하고 해맑은 인상의, 한눈에 봐도 멋진 청년이었다. 처음에는 여자친구 때문에 마지못해 왔다면서 슬슬 농담을 던지던 그도 상담이 진행될수록 얼굴이 굳어졌고, 급기야는 담배를 피우면 안 되느냐고 물을 정도로 심각해졌다.

내가 보기에 그는 명문대학을 졸업하고 대기업에 입사한 인재일지는 몰라도, 돈에 대한 개념이나 돈을 관리하는 방법은 영 부실했다. 나는 두 사람의 미래를 위해 냉정하게 현실을 이야기해주었다. 지금부터 제대로 돈관리를 하지 않으면 3년 내에 결혼은 꿈도 꿀 수 없을 거라고 말이다. 그는 돈 때문에 사랑하는 여자친구와의 결혼을 미루는 게 말이 되느냐고 항변했다. 모아놓은 돈은 많지 않지만 자신의 연봉이 어느 정도 되기 때문에 대출을 받아 결혼부터 하고 맞벌이를 하면 그까짓 1억 정도의 빚은 몇 년 안에 다 갚을 수 있다고 자신있게 말했다. 하지만 상담이 진행되면서, 그런 결정이 두 사람 모두에게 족쇄가 되고 행복해야 할 결혼생활에 그늘을 드리우는 복병이 될 수 있다는 사실을 깨닫는 데는 오랜 시간이 걸리지 않았다.

그날의 상담은 명쾌한 결론을 내리지 못한 채 끝났다. 조만간 두 사람을 같이 만나 2년 후 결혼을 목표로 재무계획을 짜기로 하고 마무리 지었다. 그런데 뜻밖에도 이 과정을 통해 수희 씨가 확인하고 싶었던 것은 남자친구의 재정상태만이 아니었다. 그녀는 남자친구가 자신과의 결혼을 진지하게 생각하고 제대로 준비하는 모습을 보고 싶었던 것이다. 다행히도 남자친구가 자신과 함께할 미래에 대해 구체적으로 고민하고, 맞벌이를 하더라도 가장으로서 가져야 할 책임감에 대해 진지하게 생각하는 모습을 확인하고 뿌듯해했다.

두 사람은 힘을 합쳐 신혼집을 마련하기로 했다. 이미 3천만 원 정도 결혼자금을 모은 수희 씨도 2년 동안 추가 저축을 통해 신혼집을 얻는 데 보태기로 했다. 여자친구의 현명한 결정에 남자친구도 수입의 70퍼센트는 반드시 저축하겠다고 약속했고, 그 약속을 지켰다. 두 사람은 불필요한 예물과 예단은 생략하고 결혼식도 성당에서 소박하게 치렀다. 그동안의 저축과 결혼비용을 아껴 만든 8천만 원으로 마포에 연립주택 전세를 얻어 신혼생활을 시작했다.

결혼 후에도 서로 고마워하는 마음으로 살고 있다고 했다. 남편은 똑똑하고 야무진 아내가 내리는 재무적인 결정이라면 뭐든지 군말없이 따랐고, 적극적으로 협조했다. 결혼 3년 만에 신혼시절 죽 살아온 마포의 연립주택 전세보증금에 그동안 두 사람이 열심히 모은 돈 1억 2천만 원을 더해 옆동네의 69제곱미터(약 21평)형 아파트 전세로 옮겼고, 별도로 금융자산도 3천만 원이나 보유하게 되었다. 게다가 그동안 미뤄온 출산의 꿈도 올 봄에 실현했다.

얼마 전에는 수희 씨가 직접 만든 쿠키를 들고 남편과 함께 사무실에 놀러 왔다. 두 사람은 결혼할 때 부모님이나 주변 사람들의 부정적인 이야기 때문에 잠시 흔들리기도 했지만, 자신들이 목표한 대로 결혼생활을 시작했기 때문에 지금은 돈걱정 없이 미래를 차근차근 준비하고 있다. 5년 전에 올바른 결정을 할 수 있도록 도와준 데 대해 진심으로 고마워했다.

수희 씨 커플은 결혼 이야기가 처음 나왔을 때부터 서로의 상황을 솔직하게 털어놓고 같이 목표를 세워 함께 노력했다. 항상 순조롭지는 않았다. '이렇게까지 해서 돈을 모아야 하나' 하는 회의도 들고, 또래 커플들처럼 돈을 마음대로 쓰고 싶은 유혹도 수시로 찾아왔다. 그때마다 서로의 등을 토닥여주며 '파이팅!'을 외쳤고, 그런 온갖 유혹을 떨쳐내는 과정을 함께 겪으면서 서로에 대한 사랑도 '복리(!)'로 늘어났다.

앞으로 더 큰 목표를 만들어서 함께 키워나갈 이 커플처럼, 이 책을 읽는 독자들도 힘들어도 꼭 잡은 두 손을 놓지 않고 끝까지 함께할 수 있는 사람을 만나, 사랑도 돈도 복리로 키워나가길 기원한다.

'결혼식'은 결혼의 시작이지 끝이 아니다

나에게 미래예측보고서를 받고 연락을 뚝 끊어버렸던 다연 씨가 6개월이나 지나서 연락을 해왔다. 나 역시 한동안 잊고 있었는데 뜻밖이었다. 다연 씨의 이야기를 들어보니, 다음 달에 있을 결혼식을 위한 준비는 거의 다 끝난 상태였다.

"그때 상담받고 3개월쯤 뒤에 바로 결혼날짜를 잡았어요. 오빠의 경제적 여건이 기대했던 것보다 많이 실망스러웠지만, 이 사람 아니면 안 될 것 같아 부모님을 설득했죠. 사실 오빠가 모아놓은 돈이 없어서 그렇지 가능성은 충분한 사람이잖아요. 지금 현재 부자는 아니지만 부자가 될 남자라는 확신이 들었어요."

그녀는 자신의 결혼 결정을 합리화하는 말들을 꽤 오랫동안 늘어놓았다. 정작 나를 찾아온 이유는 잊고 있는 듯했다. 구체적인 결혼준비 내역까지 장황하게 들려주었다.

두 사람은 나와의 상담을 일방적으로 끝내고는 우여곡절 끝에 양가 부모님께 인사를 드리고 상견례까지 일사천리로 진행했다. 그리고 결혼 날짜를 잡자마자 강남의 모 호텔을 예식장소로 정했다. 예약이 안 될까봐 조바심을 내며 지인의 도움까지 받아 겨우 예약했단다.

그런데 이야기를 듣다 보니, 참 묘한 커플이라는 생각이 들었다. 다른 예비부부들처럼 신혼집을 우선적으로 알아보지 않고 예식장과 드레스와 웨딩사진, 신혼여행 예약을 먼저 한 것이다. 그녀의 말에 의하면, 서너 달 전에 예약해도 스케줄을 잡기가 어려운 곳들이라고 했다.

결혼준비 역시 우선순위조차 정하지 않고, 자신들의 관심사와 기호를 고려한 쇼핑 차원의 준비부터 시작한 것이다. 그러니 얼마나 신나고 즐거웠을까. 예식비용은 두 사람 모두 양가의 개혼(開婚)이라 축의금으로 충당할 수 있을 거라고 믿어 걱정조차 하지 않았다. 대신 한 번 하는 결혼식인데 뭐 하나라도 소홀하고 부족하게 해서 두고두고 욕먹고 망신살 뻗치지나 않을까 노심초사했다.

다연 씨의 말을 듣고 나는 '신이 내린 커플'이라며 우스갯소리를 했다. 낙천적이고 자신감이 넘친다고 해야 할지, 대책 없고 황당하다고 해야 할지…… 신혼집은 어떻게 할 생각인지 궁금했지만, 이 정도로 태평

하다면 뭔가 믿는 구석이 있겠거니 싶어 묻지 않았다.

역시나 믿는 구석이 하나 있긴 했다. 부동산거래 인터넷사이트를 뒤지고, 자신들이 살고 싶은 지역의 아파트 시세를 살펴봤지만 월세조차 대출 없이는 보증금 맞추기도 힘든 상황이었다. 그 사실을 안 두 사람은 다연 씨의 아버지가 소유하고 있는 아파트의 세입자를 내보내고 거기서 신혼살림을 시작하기로 결론을 내렸다고 했다.

다연 씨 아버지의 아파트는 DTI(총부채상환비율) 규제범위 내에서 대출을 최대한 받은 케이스로, 세입자는 월세로 살고 있었다. 아직 임대기간이 많이 남은 상태라 세입자에게 이사비용과 부동산중개 수수료까지 넉넉히 얹어서 겨우겨우 내보낼 수 있었다. 그렇게 들어간 돈만 500만 원이었다. 게다가 지은 지 30년이 다 되어가는 낡은 아파트라 인테리어 비용도 2천만 원이나 들었다.

어쨌든 아버지의 이자부담이 상당했기에 종전에 받으시던 월세를 그대로 드리기로 하고 그 집에 들어갔다. 그 과정에서 2,500만 원이 흔적도 없이 사라졌고, 다른 결혼비용도 그들의 예산을 훨씬 초과했기에, 두 사람 각각 마이너스대출을 2천만 원씩 받은 상태로 신혼을 시작하게 되었다. 다연 씨는 월세가 부담스럽긴 해도 부모님께 드리는 거라 덜 아깝다며 애써 위안하고 있었다. 부모님 입장은 전혀 생각하지 않는 듯했다.

"직장동료랑 친구들 불러 집들이도 줄줄이 해야 하는데, 그 낡은 집에 어떻게 사람들을 부르겠어요. 알뜰하게 하되 심플하고 세련되게 꾸미려고 인테리어잡지를 얼마나 많이 봤는지 몰라요. 인테리어디자이너한테 의뢰하면 곱절은 더 들잖아요."

그녀가 사용하는 '알뜰하게'라는 말은 의미가 조금 다른 듯했다.

"다른 건 몰라도 소파는 예전부터 봐둔 이탈리아 브랜드로 하고 싶었어요. 그것도 수입가구 전문업체 사장님을 잘 알아서 거의 반값도 안 되게 샀어요. 2천만 원 넘는 걸 900만 원 주고 샀으니까요."

이렇게 그녀의 '알뜰함'은 차원이 달랐다. 가구며 가전제품을 다 신용카드로 구입했으니, 그들은 아마도 1년 가까이 월급의 상당부분을 카드값으로 지출해야 할 것이다. 신혼집도 통크게 몇억 대출을 받아 마련할 줄 알았는데, 그나마 다행이라는 생각이 들 지경이었다.

어쨌든 그렇게 결혼준비를 얼추 마무리하고 나니, 결혼준비에 들어간 비용도 정리해보고 각자 따로 관리하던 월급통장도 합쳐야 할 것 같아 날 찾아온 것이었다. '통큰 남자'인 대호 씨는 통장관리와 각종 고지서 처리 등을 흔쾌히 다연 씨에게 일임했다고 한다. 이제껏 마이너스와 플러스를 오가는 입출금통장 하나만으로 생활해온 그녀에게는 물론 쉬운 일이 아니겠지만.

나는 다연 씨에게 '통장 결혼시키기'에 대한 조언을 하기 전에, 신혼여행에서 돌아온 후 두 사람의 재정상황부터 살펴보자고 했다. 마치 결혼식만 하고 나면 모든 것이 플러스로 바뀌어 있을 것 같은 착각에 빠진 그들에게는 현실을 냉정하게 직시하는 것이 급선무였다.

결혼 전 두 사람의 총자산은 7천만 원이었다. 상담 후에도 월급을 받았겠지만 결혼준비를 하면서 저축을 할 상황은 아니었을 것이다. 일단 아파트 보증금과 기존 세입자를 내보내는 데 든 비용, 그리고 인테리어 비용까지 합하면 약 5,500만 원이 들었다. 남은 1,500만 원으로는 호텔 꽃값밖에 감당하지 못한다. 웨딩드레스부터 예단까지 그들의 눈높이대로 준비했다면, 아마도 대호 씨의 1년 연봉은 고스란히 결혼비용으로 저당잡혔을 것이다.

그뿐인가. 다연 씨도 결혼을 준비하는 과정에서 최고급 마사지숍부터 신혼여행 때 입을 옷까지 모두 세 장의 카드로 결제했다. 두 사람이 사용한 마이너스대출이 4천만 원이니, 각자 쓴 카드값까지 고려하면 결혼 비용만으로 1억 가까이 빚을 지고 시작하는 셈이다.

그렇다면 다연 씨 월급도 한동안은 카드값으로 빠져나갈 텐데, 신혼여행에서 돌아온 후 생활비는 도대체 무슨 돈으로 충당할 생각인지 궁금했다. 집들이도 꽤 여러 차례 할 모양인데 말이다. 다연 씨의 대답은 역시나 놀라웠다.

"남들은 신혼집 때문에 몇억씩 대출도 받는다는데, 우리는 이자도 안 내고 스스로 이사 나가기 전까지는 전세 사는 사람들처럼 보증금 올려줄 걱정도 없잖아요. 그러니 모자란 생활비는 다른 마이너스통장으로 1년만 버티면 돼요."

그럼 결혼식 비용으로 쓴 1억 가까운 빚은 어떻게 할 거냐고 물었더니, 맞벌이를 계속할 테니 그것 역시 별문제가 안 된다고 쿨하게 대답했다. 그동안 수많은 커플을 만나 상담을 해봤지만, 다연 씨 커플처럼 '오늘'만 생각하는 커플은 처음이었다. 자신들 앞에는 장밋빛 미래만 펼쳐져 있다고 확신하는 그야말로 '무대책 명랑커플'인 것이다.

상담시간을 더 이상 흘려보낼 수 없어 출산계획을 물었다. 그녀의 나이를 생각하면 미루기에는 부담스러울 듯했다. 역시나 2년 안에 낳을 생각이라고 했다. 그렇다면 육아와 그 비용, 혹은 육아 때문에 휴직이나 직장을 아예 그만두게 되는 극단적인 상황에 대해서는 고려해봤냐고 물었더니, 그 또한 생각해본 적이 없다고 했다. 그때부터 그녀의 표정이 조금씩 어두워졌다. 결혼식 비용으로 떠안은 1억 가까운 빚과 매달 월세까지 내야 하는 현실이 비로소 걱정스러워지기 시작한 모양이었다.

그들은 이미 대출 때문에 앞으로 2년 가까이 저축을 할 수 없다. 그사이 다연 씨 아버지의 아파트가 두 분의 노후자금 또는 급작스러운 변수 때문에 처분된다면, 다시 집 때문에 대출을 받아야 한다. 악순환의 연속인 셈이다. 신혼집을 마련하는 문제로 여러 차례 상담을 한 끝에, 최선은 아니지만 차선을 택한 경남 씨 커플에게는 희망이 있고 미래가 보인다. 하지만 다연 씨 커플의 라이프에는 '스타일'만 있을 뿐 계획과 목표와 희망은 없다.

지금부터라도 악순환의 고리를 끊기 위한 결단이 필요해 보였다. 적어도 2년 동안은 절대소비를 줄이고, 다른 투자에는 관심도 기울이지 말고 빚을 정리해서 자산의 기초체력부터 쌓아야 한다. '한 방이면 된다'는 대호 씨의 재테크 스타일로는 쉽지 않은 일이겠지만, 이제는 '몰빵'할 종잣돈도 없지 않은가.

다연 씨부터 바뀌어야 한다. 나는 남아 있는 결혼준비 과정에서 비용을 줄이거나 취소할 만한 항목이 없는지 정리해보고 다시 찾아오라고 했다. 그녀는 당황한 기색이 역력했고, 이제 와서 꼭 그렇게까지 해야 하느냐고 물었다. 하지만 다연 씨보다 나이가 어린 지수 씨 커플의 현재 자산 포트폴리오와 3년 뒤 자산현황표를 비교해서 보여주니, 그제야 수긍하는 듯 고개를 끄덕였다. 결혼준비에 들떠 잊고 있었던 현실을 조금씩 인식하게 된 것이다.

부모에게 기대면
부모 부양의 부메랑을 맞는다

우리 사회의 결혼 관련 통념 중 바뀌어야 할 것이 많지만, 그중에서도 특히 상기시키고 싶은 게 있다. 이는 어느 한쪽만이 아니라, 결혼을 하려는 남녀 모두에게 해주고 싶은 이야기다. 부모님의 부족한 노후자금을 헐어 결혼하는 것을 절대로 당연하게 생각하지 말라는 것이다.

이 책을 쓰고 있는 현재 〈조선일보〉에 '부모의 눈물로 올리는 웨딩마치'라는 기획기사가 연재되고 있다. 그 기사를 읽다 보면, 결혼식을 치르는 모두가 고통스럽다. 결혼하는 당사자도, 친정이나 시댁 부모님도, 결혼식에 참석하는 하객들도 마찬가지다. 가장 행복해야 할 결혼식이 모두에게 고통이라니, 이런 아이러니가 또 어디 있겠는가.

얼마 전 결혼한 지 7년 된 부부를 상담했다. 부인은 3남매의 막내, 남편은 4형제의 막내였다. 이 부부는 대학원을 다니던 중 아내가 임신을 해 결혼을 하게 되었다. 준비가 전혀 안 되어 있던 터라 양가 부모님의 도움으로 결혼식을 올렸다. 결혼 초기만 해도 친정아버지나 시아버님이 일을 하고 계셔서 어렵다는 생각은 하지 못했다.

그런데 4년 전에 시아버님이 퇴직을 하고, 재작년에는 친정아버지도 은퇴를 하셨다. 작년부터는 양가의 부모님이 힘들어하는 기색이 역력했다. 그제야 안 일이지만, 친정이나 시댁 부모님은 자식들을 전부 출가시키면서, 평범한 삶 정도가 아니라 대출을 받아 원금과 이자까지 매달 갚아야 하는 평범 이하의 생활로 추락했던 것이다. 게다가 이 부부가 갑자기 전혀 준비가 안 된 상황에서 결혼을 한 게 마지막 치명타였다.

이 부부는 현재 맞벌이를 하고 있는데, 얼마 전 둘째를 가진 부인이 휴직을 하든지 아니면 이번 기회에 일을 그만두고 자녀양육에 전념하고 싶어 했다. 하지만 양가 부모님 부양 문제가 발등의 불로 떨어졌다. 부부는 매달 30만 원씩 60만 원을 양가 부모님의 생활비로 보낸다. 형제자매 중에도 어렵게 사는 이가 있어서, 그나마 맞벌이를 하고 있는 이 부부가 좀더 부담을 하고 있다. 상황이 이렇다 보니 임신과 자녀양육을 위해 직장을 그만두고 싶어도 양가에 보내야 하는 월 60만 원을 생각하면 도저히 일을 그만둘 수 없는 형편이다. 남편의 월급만으로는 월 60만 원씩 부담하기가 쉽지 않다. 사실 맞벌이를 하는 현재도 큰아이 교육비 때문에 저축을 많이 하지는 못한다.

그래도 이들 부부는 효자효녀다. 부모님이 자신들을 위해 희생한 만큼 보답해드리지는 못해도, 노후자금을 탈탈 털고 대출까지 받아서 결혼시켜주신 부모님을 외면할 수는 없다고 했다. 문제는 이런 상황이 계속되면 부모도 자식도 점점 재정적인 상황이 나빠진다는 것이다.

다연 씨의 경우도 비슷하다. 부모님이 부동산을 갖고 있으니 결혼자금은 걱정할 필요 없다고 생각해 월급은 고스란히 자신만을 위해 써왔고, 결혼준비를 할 때도 마이너스대출까지 받아서 일단은 화려하게 결혼하고 보자는 심산이었다. 하지만 부모님이 보유한 부동산자산도 최근 몇 년 사이 많이 줄었고, 그것도 대출로 레버리지(leverage) 효과를 노린 투자라서 실제로 처분한다고 해도 두 분의 노후자금으로도 넉넉하지 않았다. 게다가 다연 씨가 첫째인데 여동생들도 다연 씨와 비슷한 생각을 하고 있다면, 자녀들을 모두 결혼시키고 아버지가 일을 그만두시면, 당장 다연 씨가 장녀로서 부모님의 노후생활 비용 중 상당부분을 감당해야 할 수도 있다.

이런 일이 주변에 드물지 않다. 체면과 격식을 중시해 빚을 져서라도 일단 화려한 결혼식을 치르고 보는 결혼문화가 바뀌지 않는 한, 이런 악순환은 더 흔해질 것이다. 부모와 자식이 다같이 골병이 드는 현재의 결혼문화는, 지금 이 순간 결혼을 결심한 미혼남녀들이 주도적으로 바꿔나가야 한다. 본인은 바꾸고 싶은데 양가 부모님이 체면 때문에 화려한 결혼식을 치르자고 한다면 더 적극적으로 말려야 한다. 설득을 통해 부모님을 감동시키고 변화시키자. 부모님의 노후자금을 헐어 결혼하게 되면, 언젠가는 부메랑이 되어 내 미래 가족에게 되돌아올 수 있다는 점을 잊지 말자.

신혼여행은
비즈니스 출장처럼 가라

고단한 결혼준비 과정에서 유일하게 탈출구가 되어주는 건 신혼여행에 대한 기대 아닐까. 비행기에 몸을 싣는 순간, 그 모든 지난한 과정과 긴장된 순간을 견딘 몸과 마음이 그제야 결혼을 실감하게 된다. 그러니 신혼여행만큼은 해외로, 고급리조트로 가서 그 어느 때보다 호사스럽게 즐기고 돌아와야 된다고들 생각한다.

하지만 요즘 해외여행 한번 안 다녀온 젊은이가 얼마나 되며, 결혼 전에 함께 여행 한두 번 안 다녀온 커플이 얼마나 되겠는가. 반드시 신혼여행이 아니면 앞으로 여행을 갈 기회가 없는 것도 아니다. 그렇다면 단지 즐기기 위해, 마음 놓고 돈을 쓰기 위해 떠나는 신혼여행에 대한 생각도 조금은 달라질 필요가 있다.

젊은 시절 여행가이드로 꽤 인기를 끌었던 고객 한 분이 있다. 동남아시아에서 유학을 하던 시절이었는데, 환율이 올라 학업을 잠시 중단하고 아르바이트로 현지가이드를 시작했다가 3~4년을 꼬박 일하게 되었다고 한다.

그런 그가 선택한 신혼여행지를 듣고는 깜짝 놀랐다. 누구보다도 해외 인기 신혼여행지의 사정을 잘 알기에 더욱 재미있고 알차게 시간을 보낼 수 있는 그가 선택한 신혼여행지는 천리포수목원과 안면도였다. 첫날밤은 서울의 호텔에서 보내고, 다음 날은 태안반도 쪽에 있는 천리포수목원을 산책하면서 조용히 부부의 미래를 구상했단다. 저녁에는 안면도의 깔끔한 펜션에서 고기 굽고 와인을 마시면서 낭만적인 밤을 보냈다고 한다.

그는 스스로 신혼여행에 질린 사람이라고 했다. 해외 신혼여행은 '찍고, 쓰고, 먹고, 싸우는' 시간이란다. 사진 찍고, 바가지 쓰고, 실컷 먹고, 싸우기를 반복한다는 말이다. 화려한 커플룩을 차려입고, 현지 주민이나 다른 관광객들은 전혀 의식하지 않은 채 돌출행동을 하면서 사진을 찍고 다니는 모습을 매일 보다 보니 그만 질려버렸다고 한다. 언젠가 한번은 낮에 바닷가에서 선탠을 하면서 온갖 애정어린 제스처를 취하며 사진을 찍어대던 한 커플이, 밤에는 호텔 로비에서 큰 소리로 욕설을 퍼부어가며 싸웠는데 심지어 가이드인 자신이 룸까지 들어가 싸움을 뜯어 말리기도 했단다.

또 어느 연예인 커플의 신혼여행을 가이드한 경험도 그에게 신혼여행의 의미를 다시 생각하게 해주었다고 한다. 톱클래스의 연예인도 아니었는데, 끈질긴 협찬 요구에 시달리다 못해 리조트 풀 빌라를 협찬해줬더니, 공항에는 스타일리스트까지 대동하고 협찬받은 옷을 입고 나타났으며, 여행 가서는 명품쇼핑에 목숨을 건 듯 돈을 써댔다고 한다. 그러고는 불과 6개월 만에 이혼 발표를 했다는 것이다. 그렇게 '뻔하게 화려하기만 한' 신혼여행을 경험한 그는 절대로 그런 신혼여행은 가지 않으리라 결심하고, 결혼 전부터 여자친구를 설득했다고 한다.

이처럼 개념있는 신혼여행을 다녀온 커플이 또 있다. 통장을 합친 후 새로운 금융상품을 추천받기 위해 나를 찾아온 지수 씨 커플이다. 신혼여행에서 돌아온 후 한 달간 정신없이 지내다가 이제야 '통장 결혼시키기'를 마쳤다면서, 자신들이 미리 정리한 통장들과 포트폴리오를 나에게 건넸다.

본격적인 상담을 시작하기 전에 이런저런 결혼에 관한 이야기를 나누었다. 이 커플은 대현 씨 회사, 지수 씨 학교와 가까운 분당 정자동에 위치한 리모델링을 앞둔 소형 아파트에 전세로 들어갔다. 당연히 새로 지은 주변 아파트보다 전세보증금이 저렴했다.

두 사람은 결혼준비 과정도 복잡할 게 하나도 없었다. 결혼식도 성당에서 올렸고, 결혼식장에서 자연스럽게 찍은 사진이 훨씬 의미있을 것 같아 남들 다 하는 웨딩촬영도 생략했다. 웨딩플래너에게도 웨딩드레스와 뷰티숍 정도만 컨설팅받고 나머지는 두 사람이 직접 알아서 했다니, 역시나 똑똑커플이다.

신혼여행은 어디로 다녀왔느냐고 의례적으로 물었는데 의외의 대답이 돌아왔다. 두 사람은 내가 과제로 내준 미래의 사업계획을 짜기 위한 신혼여행을 다녀왔다고 했다. 무슨 소리인가 싶어 어리둥절한 표정으로 쳐다봤더니, 지수 씨가 자신들의 신혼여행 콘셉트는 '비즈니스 신혼출장'이었다며 미소를 지었다.

난데없이 무슨 비즈니스 신혼출장? 재무상담보다 지수 씨 커플의 신혼여행 이야기가 더 흥미진진했다.

결혼 후 두 사람이 함께 꿈꾸는 계획 중 부부가 공동으로 창업해서 인생 후반기를 준비하자는 게 있었다. 가장 먼저 물망에 오른 사업은 지수 씨의 관심분야인 퀼트패션 사업이었다. 그래서 신혼여행으로 어느 리조트를 갈지 고민하는 대신, 퀼트 관련 자료를 연구해 미국 켄터키주로 신혼여행을 가기로 결정했다.

"너무 생소한 신혼여행지라 주변 지인들이 황당해했어요. 심지어 부모님도 놀라셨죠. 인생에 단 한 번뿐인 신혼여행을 그렇게까지 목적을 가지고 다녀올 필요가 있냐고, 나중에 후회할 거라고 걱정하는 사람도 있었어요. 게다가 한 선생님이 저한테 그러는 거예요. 본인은 신혼여행 빼고는 남편과 일주일씩 시간 내서 해외여행 다녀본 적이 없다고요. 평범한 직장에 다니는 남편 때문에 방학 때도 제주도나 동남아시아로 3박 4일 가는 게 전부라면서, 살다 보면 나이 들어 은퇴를 하기 전에는 신혼여행처럼 홀가분하게 꽤 오랜 시간 여행을 다녀오기 힘들다고, 다시 생각해보라는 거였죠. 그런데 저는 그 이야기를 들으면서 더더욱 신혼여행을 동남아시아 해변의 어느 리조트 같은 데 가서 누워 있다 먹고 자고 와서는 안 되겠구나 싶더라고요. 그래서 훗날을 기약하며 퀼트사업을 위한 안목도 높이고 시장조사도 할 겸 켄터키주에 있는 퀼트박물관을 신혼여행지로 선택했어요. 대현 씨도 선뜻 오케이했고요. 그 박물관에서 3일 과정의 워크숍에도 참여했어요. 친구들도 사귀었고요. 그 친구들 덕분에 집 안에 퀼트 전용 방까지 만든 퀼트 마니아들의 일상을 보고 나니 퀼트에 더 관심이 가는 거 있죠."

지수 씨 커플의 신혼여행은 '찍고, 쓰고, 먹고, 싸우는' 여행이 아닌 '퀼트여행'이었다. 훗날 이 커플이 정말 제2의 인생으로 퀼트패션 사업을 한다면, 지수 씨 말대로 이 여행은 '비즈니스 신혼출장'이 되는 셈이다. 그들은 신혼여행 이후 퀼트패션 사업에 더 큰 관심과 확신을 갖게 되었다며 한껏 들떠 있었다.

지수 씨의 이야기를 듣고 내 신혼여행을 돌이켜보니 사진 몇 장 외에는 남은 게 없었다. 물론 그때만 해도 지금처럼 커플이 자유롭게 여행을 다닐 수 있는 분위기가 아니었기에, 둘만의 신혼여행이 정말로 가슴 설레는 이벤트였지만, 그때 좀더 의미있는 신혼여행을 기획했더라면 하는 아쉬움이 들었다.

　해외로 신혼여행을 다녀올 경우 최소 300만 원에서 많게는 1천만 원까지 들 텐데, 그 호사스럽고 낭만적인 여행을 하면서 이제 부부가 되는 두 사람이 함께 새로운 인생을 설계하는 시간을 마련한다면 금상첨화일 것이다.

얕보지 마라
제일 무서운 게 돈이다
...

이제 시작인데 벌써 돈, 돈 할 필요가 있냐고?
아끼고 안 쓰면 되는 것 아니냐고?
그렇게 만만하게 생각하면 돈의 노예가 될 뿐이다.
차근차근 한 단계 한 단계 WAM을 실천해가야 돈이 만만해진다.

Chapter 4

결혼식보다 통장결혼식이 먼저!

WAM : 통장결혼식이 빠를수록 일찍 부자가 된다

신혼, 통장플랜부터 제대로 짜라

나는 매일 지하철을 타고 출퇴근한다. 특히 지인들과 술자리를 마치고 늦은 시간에 지하철을 타고 귀가하다 보면 수다 떠는 여자들 속에 끼어 있게 되는 경우가 많다. 그 오고가는 수다 속에서 요즘 20~30대 여자들의 솔직한 마음을 엿보게 된다.

최근에 들은 가장 재미있는 이야기는 '금이 간 박' 같은 남자 얘기다. 남자가 경제적으로나 기타 여러 모로 조금 모자란 '금이 간 박'이어서 물이 새도, 그 박을 담고 있는 '독'이 튼튼하면 아무 문제가 없다는 것이다. '박'보다는 오히려 '독'이 중요하다는 말이다.

젊은 여자들이 우스갯소리로 주고받은 이야기였지만, 아들만 둘인 나로서는 마냥 웃을 수만은 없었다.

나는 그녀들에게 "그럼, 독만 튼튼하면 금이 간 박 같은 남자랑도 결혼하시겠네요"라고 물어보고 싶었다. 그녀들은 뭐라고 대답할지 모르지만, 나는 반대다. 일단 금이 간 박은 시간이 지나면서 깨진 쪽박이 되기 쉽다. 독이 아무리 튼튼해도, 독 안에 든 물을 뜰 수 없을 만큼 금이 가면 무슨 소용이 있겠는가.

요즘, 이 금 간 박 같은 남자와 여자가 꽤 많다. 미혼남녀가 결혼상대 중 가장 비호감으로 꼽는 마마보이와 마마걸도 여기에 속할 것이다. 이런 유형과 연애를 해본 경험이 있다면 얼마나 심각한 결격사유인지 알 것이다. 연애도 그럴진대, 결혼생활에서는 얼마나 치명적인 결과를 초래할까? 부모가 사사건건 간섭하고 코치하고, 특히 엄마의 말이라면 무조건 따르는 아들과 딸은 결혼한 후에도 계속 부모에게 의존해서 정신적으로나 경제적으로 진정한 독립을 하지 못한다. 심각한 경우에는 결혼생활 자체가 위협을 받기도 한다.

돈관리에 있어서도 마찬가지다. 스스로 알아서 돈을 관리할 나이가 이미 지났음에도 불구하고 여전히 부모의 그늘에서 벗어나지 못하는 이들이 있다. 물론 부모가 평생 관리해주고 때로는 보태주기까지 한다면 문제 될 게 없겠지만, 실제로 그런 경우가 얼마나 되겠는가. 하물며 배우자의 부모에게까지 경제적으로 의지하려 한다면, 결혼을 하고 아이를 낳아도 진정한 독립은 요원한 일이다.

그래서 결혼 전에 반드시 경제적으로 독립해야 한다. 남자든 여자든 마찬가지다. 부모님이 돈관리까지 해주면 지출은 줄고 저축은 늘겠지만, 어엿한 경제인으로서 마땅히 경험해야 할 다양한 경제활동을 해보지 못한 채 결혼에 이르게 된다. 그러면 그동안 경험을 통해 터득한 노하우가 없어서, 그때부터 좌충우돌하느라 아까운 시간을 버리고 돈 벌 기회를 놓치고 만다.

게다가 실질금리가 마이너스인 시대에 부모님이 과거의 방법으로 자녀들의 돈을 관리하는 경우도 많다. 그러니 부모님에게 경제적 덕까지 보려는 마마보이, 마마걸로 살다가는 평생 '내 통장에 볕들기'가 쉽지 않다.

직장에 들어가 첫 월급을 받는 순간부터 돈관리는 스스로 하는 것이 좋다. 월급으로 적금을 부어 만기에 목돈을 쥠으로써 뿌듯한 성취감도 느껴보고, 펀드에 투자해 수익을 내거나 손실을 보면서 투자상품에 대해서도 알아가야 한다.

무분별한 카드 사용으로 카드값이 월급보다 많아져 밤새 고민해보는 것도 나쁘지 않다. 믿었던 친구에게 돈을 빌려주었다가 떼여, 가까운 사이일수록 돈거래를 쉽게 해서는 안 된다는 교훈을 얻는 것도 좋은 공부다. 현금서비스나 카드론을 받았다가 순식간에 늘어난 빚 때문에 고생을 해도, 이제 다시는 빚을 지지 않고 살겠다는 결심을 하게 된다면, 그런 경험도 나중을 위해서는 좋은 추억이 될 수 있다. 일부러 찾아서 실패해볼 필요까지는 없겠지만, 가능하면 직장생활 초기에 성공이든 실패든 많은 경험을 해보면서 본인 스스로 돈관리에 대한 원칙을 만들어나가야 한다.

결혼 후에 이런 시행착오를 하면 너무 늦다. 물론 스스로 관리해야 한다고 해서 부모님께 조언도 구하지 말라는 이야기는 아니다. 단, 조언을 받더라도 결정은 본인이 스스로 하는 습관을 들여야 한다. 그래야 나중에 부부의 더 많은 돈을 관리하거나 목돈이 만들어졌을 때, 그동안의 시행착오를 바탕으로 효과적인 방법을 생각해내, 애써 번 돈을 잘 관리할 수 있다.

결혼 전에 경제적으로 독립을 해서 전적으로 자신의 결정에 따라 통장을 관리해온 두 사람이 만나 부부가 되었다면, 결혼 후 제일 먼저 해야 할 것이 바로 '통장 결혼시키기'다. 결혼식을 준비하고 치르는 과정만큼 골치 아프지는 않겠지만, 막상 서로의 통장을 펼쳐놓고 합치려고 하면 이 역시 만만치가 않다.

어느 부부가 서로의 서재를 합치면서 그 에피소드로 책 한 권을 낸 것처럼, 그 못지않게 통장 결혼시키기에도 집집마다 우여곡절이 많다.

재테크 전문가 입장에서도 막상 부부의 통장을 정리하려고 하면 꽤 복잡하다. 중복되는 것이 있는가 하면 부부가 함께 관리하기에는 불필요한 통장도 있다. 이때 누구의 통장을 정리하고 해약하는 것이 좋을지 결정하고, 통장관리를 누가 어떻게 주도적으로 할 것인가를 정하는 문제도 쉽지 않다.

　결혼식 전에 불필요한 통장을 정리하고 필요한 통장을 새로 준비하는 '통장결혼식'을 하면 좋겠지만, 신혼여행에서 돌아오는 길에 벌써 갈라서는 부부가 있는 요즘, 결혼을 약속한 시점부터 통장관리를 함께 하기란 쉽지 않은 일이다. 그러니 신혼여행에서 돌아온 후라도 반드시 통장을 합치기 위한 시간을 가져야 한다.

　맞벌이부부들은 간혹 생활비나 저축의 역할을 분담해서 각자 통장관리를 하기도 한다. 그런데 몇 년 후 통장의 잔액을 확인하고 후회하는 경우가 많다.

　맞벌이의 경우 외벌이에 비해 대체로 소득은 많지만 소비지출이 그만큼 많아 생각만큼 돈을 잘 모으지 못한다. 맞벌이를 하느라 가족과 함께 누리는 일상의 즐거움도 포기해가면서 고생은 고생대로 하고도 돈을 제대로 못 모은다면 정말 억울한 일이다.

　결혼생활을 시작할 때부터 진솔한 대화를 통해 중복되거나 불필요한 통장을 없애고, 더 나은 미래를 위해 반드시 필요한 통장을 새로 만드는 의식이 바로 '통장결혼식'이다. 통장결혼식을 통해 부부가 진지하고 자연스럽게 미래를 설계하고 저축이나 소비지출 등 돈에 대한 생각과 태도를 조율해나가야 한다. 수십 년을 서로 다른 환경에서 살아왔기 때문에, 돈을 쓰는 방식과 돈을 대하는 태도가 다를 수밖에 없다.

　통장결혼식은 단순히 통장 몇 개를 합치는 차원의 의식이 아니다. 사회생활을 하면서 돈을 모아온 방식과 모아놓은 돈에 대해 서로 허심탄회하게 이야기하고, 필수통장을 정하면서 서로 의견을 나누다 보면, 자연스럽게 가족의 미래도 함께 그려볼 수 있고, 구체적인 계획도 조율하게 된다.

  이런 과정을 거쳐 부모님의 그늘에서 진정으로 독립해 결혼한 새로운 부부가 되는 것이다. 그러니 통장결혼식은 반드시 해야 한다. 빠르면 빠를수록 좋다.

주도권 싸움 말고, 돈에 밝은 사람에게 통장을 맡겨라

결혼 초기 1~2년 동안에는 주도권 싸움이 치열하다. 본인들이 주도권을 잡으려고 작심을 하고 전투의지를 불태우기보다는 부모님이나 친구 또는 직장동료나 선배들의 과장 섞인 부추김과 한풀이 때문에 주도권 싸움을 하게 되는 경우도 많다.

내가 결혼을 했을 때도 마찬가지였다. 요즘 같으면 쉽지 않겠지만 친한 직장선배가 사흘이 멀다하고 새벽 2~3시까지 끌고 다니면서 술을 먹이고 집에 못 들어가게 했다. 그래야 나중에 편해진다고. 하지만 남은 건 매일 도둑고양이처럼 살금살금 집에 들어간 기억과 나빠진 술버릇뿐이다. 매번 잘못을 했으니 아내 눈치를 봐야 했고, 매일 새벽까지 술을 마셨으니 토끼눈을 한 채 피곤에 절어 살았다. 주도권을 잡기는커녕 그 후로 주도권은 완전히 아내에게 넘어갔다.

결혼생활의 주도권 중 통장관리의 주도권 싸움도 만만치 않다. 돈이 힘을 쓰는 세상이니 돈에 대한 주도권을 잡기 위한 신혼부부의 싸움도 치열하다. 돈관리의 주도권을 잡은 사람은 자기 마음대로 편하게 돈을 쓸 수 있을 것 같고, 주도권을 빼앗긴 쪽은 적은 액수도 눈치를 봐가며 써야 할 것 같다. 내가 번 돈을 내 마음대로 쓰지 못하는 상황이 될까 봐 노심초사하며 주도권 싸움을 벌이는 것이다.

결혼을 앞두고 날 찾아왔던 다연 씨도 결혼하자마자 이 주도권 문제로 심각하게 다툰 듯했다. 이제 남편이 된 대호 씨는 여전히 통장관리에는 관심이 없었지만, 다연 씨는 그동안 결혼비용 등으로 쓴 카드값과 각종 대금청구서를 받으면서 심각해진 모양이었다. 두 사람의 월급이 고스란히 카드값과 월세로 나가는 현실을 딱 두 달 겪고 나니 정신이 아득해져서 나를 다시 찾아올 수밖에 없었다고 했다.

"밖에서 늦은 저녁을 먹다가 대호 씨에게 카드값 이야기를 꺼냈어요. 그래도 저는 결혼식 때 쓴 카드값이 걱정돼서 지난달에는 정말 경이로울 정도로 제 개인 용돈은 별로 안 썼거든요. 뭐, 솔직히 안 쓰려고 했다기보다는 밀린 일 때문에 야근하느라, 주말에는 여기저기 인사 다니느라 쓸 기회가 없었던 거지만요. 그런데 대호 씨는 친구들이나 회사 선후

배들과 뒤풀이한답시고 술값을 어마어마하게 쓴 거예요. 화가 나서 카드 좀 정리하고 통장도 합쳐서, 각자 용돈으로 한 달에 얼마나 쓸 건지라도 정하자고 했죠. 그랬더니 밥 먹던 숟가락을 탁 놓고는 결혼한 지 얼마나 됐다고 벌써부터 돈걱정하고 기싸움하려고 하느냐면서 정색을 하는 거예요. 기가 막혀서……."

역시나 내가 우려했던 상황이었다. 다행스러운 건 다연 씨라도 심각성을 깨닫고 자기 지출이라도 줄여나가겠다는 생각을 했다는 점이다. 결혼하면서 부모님의 경제사정도 구체적으로 알게 되었고, 두 배 이상 늘어난 지출 내역을 체감했기 때문일 것이다.

이들처럼 소비성 부채가 많은 커플에게 가장 우선되어야 할 것은, 부채상환 솔루션대로 빚을 갚아나가는 것이다. 그러기 위해서 통장은 한 사람이 관리해야 한다. 그래야 고정적인 수입과 지출을 가늠하고, 지출 가이드를 객관적으로 정해 빚을 갚을 수 있는 최단기간을 설정할 수 있다. 각자 통장을 관리하면 아무래도 쓰는 것이 우선될 수밖에 없다. 돈 쓰는 데도 다 자신만의 이유가 있지 않은가. 그러다 보면 당연히 빚을 갚는 기간도 늘어나고 그만큼 신혼의 재미는 줄어들기 마련이다.

나는 다연 씨에게 경제 주도권을 누가 잡느냐의 문제는 신혼 초 기싸움을 하자는 것이 아니라, 가정의 재정상황을 좀더 냉정하게 바라보고 자산을 불려나가는 기초체력을 키우자는 의도로 접근하라고 조언해주었다. 그리고 통장관리를 오히려 남편인 대호 씨에게 맡겨보라고 했다. 통장관리는 지출에 대한 자기통제력이 있는 사람이 맡는 것이 좋지만, 지금 상황에서는 대호 씨가 좀더 냉정하게 가정의 재정상황을 파악하고 스스로 달라질 필요가 있기 때문이다. 소비성 지출이 많고 위험부담이 큰 투자성향을 가지고 있지만, 어쨌든 금융상품 등에 관심이 많은 것도 대호 씨 쪽이었다.

다연 씨는 남편에게 통장관리를 맡기는 건 고양이에게 생선가게를 맡기는 격이라고 정색을 했지만, 내가 보기에는 남편에게 기회를 주는 편이 보다 근본적인 부채상환 솔루션이 될 것 같았다. 자존심 강한 다연 씨 커플은 서로의 자존심을 건드리면 갈등의 골이 깊어지고 화해하는 데도 시간이 오래 걸린다. 그만큼 신혼 초에 마무리해야 할 통장결혼식도 늦어지고, 그렇게 기존의 소비패턴대로 계속 생활한다면 빚이 줄기는커녕 늘어날 수도 있다.

다연 씨의 사례 말고도 통장관리 문제로 신혼 초부터 갈등을 겪는 경우는 많다. 반복해서 강조하지만, 통장관리는 결혼생활의 주도권 싸움 대상이 아니다. 돈관리는 두 사람 중 금융상품에 대한 이해가 빠르고 소비지출에 대한 자기통제력이 강한 사람이 주도적으로 맡거나 역할을 분담하는 것이 좋다. 그렇다고 다른 한 사람은 관심을 끊으라는 이야기가 아니다. 부부가 한 달에 한 번 정도는 가정의 재정상황에 대해서 이야기를 나누며 지속적으로 관심을 갖고 협조해나가야 한다.

한 가지 더 당부하고 싶은 것은, 결혼 전에 진 빚이 알려질까 봐 통장 합치기를 주저하는 경우도 있는데, 결혼 전에 상대방이 모르는 빚이 있다면 결혼비용을 줄여서라도 최대한 정리해야 한다. 만일 혼자 힘으로는 도저히 갚을 수 없는 상황이라면, 상대방에게 솔직히 이야기하고 이해를 구해야 한다. 결혼 후 배우자가 그 사실을 알게 되면 결혼생활의 가장 중요한 덕목인 신뢰가 무너지고 만다. '호미로 막을 것을 가래로 막는다'는 속담처럼, 사소하고 하찮게 여긴 문제가 결혼생활을 위협할 수도 있다.

마음이 맞아야 돈도 자산이 된다

5년 전 나의 강연회에 왔다가 평생고객이 된 방송작가가 있다. 결혼한 지 몇 달 안 돼 내 강연을 들었으니 신혼부터 지금까지 5년 동안 인연을 이어온 셈이다.

그녀는 같은 방송국에서 일하는 남편과 오랜 열애 끝에 결혼했다. 하지만 결혼 후 너무 다르게 자란 환경으로 인해 충돌이 잦았고 많이 힘들어했다. 유복한 가정의 외동딸로 별다른 어려움 없이 자란 본인과 달리, 남편은 어려운 환경에서 열심히 노력해 현재의 직장에 들어가 인정을 받은 경우였다. 그녀의 부모님은 풍족하지는 않더라도 노후를 지내시는

데 별문제가 없는 반면, 시부모님은 매달 돈을 보내드리지 않으면 생활이 힘들었다. 장남이면서 효자인 남편은 집안의 대소사와 관련된 목돈을 아내 모르게 마이너스대출을 받아 사용했다. 결국 그녀가 이 사실을 알게 돼 심하게 싸웠고, 매달 나가는 이자가 아까워 남편의 퇴직금을 중간정산받아 마이너스대출을 갚았다고 한다.

그 사건 후로도 돈에 대한 생각이 서로 달라 다툼이 잦았다. 일례로, 대출이라면 질색하는 아내는 전세계약 만료 후에 집주인이 3천만 원을 올려달라고 하자, 연장을 포기하고 현재의 전세보증금으로 얻을 수 있는 아파트를 새로 구하려 했다. 하지만 남편은 1억 원 정도 대출을 받아 30평형대 아파트로 이사를 가자고 했다. 결국 돈을 빌리지 않고 직장에서 좀더 먼 곳에 전세를 얻었다. 결론적으로는 아내의 의견에 따라 대출을 받지 않기로 했지만, 남편은 번번이 자신의 의견이 묵살되자 가장으로서 자존심에 상처를 입었는지, 앞으로는 그 어떤 돈문제에 대해서도 자신에게는 의견을 묻지도 말라며 언성을 높였다고 한다.

상담을 하다 보면 돈과 지출에 대한 생각이 달라 서로에게 상처를 주는 커플이 많다. 집을 사야 하는 시점 혹은 아이 때문에 평수를 늘리거나 이사를 가야 하는 시점이 왔을 때 대출을 받으면서 서로 의견이 달라 다투는 경우도 비일비재하다.

결혼해서 이제 막 통장을 합치기 시작한 커플의 경우, 저축이나 투자수단을 선택할 때부터 의견차이가 생긴다. 결혼 전에 스스로 통장관리를 해온 이들의 경우 나름대로 성공과 실패의 경험이 있고, 그런 경험이 쌓이다 보면 선호하거나 꺼려하는 투자수단도 생기게 된다. 시행착오를 거치면서 확고해진 고정관념도 있기 마련이다. 이런 의견차이를 무시하고 상대방을 이해시키는 절차를 생략한 채 자기 마음대로 하게 되면 다툼이 일어난다. 감정이 상하기도 하고 사소한 다툼이 큰 싸움으로 번지기도 한다.

심한 경우에는 이런 충돌 때문에 각자 생활비만 내고 나머지 돈은 알아서 관리하는 경우도 있다. 당연히 돈이 불어나기 어렵다. 쿨하게 따로 관리하는 데 동의하지만, 몇 년이 지나 전세금 인상이나 다른 변수로 인해 목돈이 필요할 때 둘이 모아놓은 돈을 합쳐도 부족하게 되면 상대방 탓을 하게 될 공산이 크다. 통장을 합칠 때 다소 피곤하고 다툼이 있더라도, 투자방식에 대해서도 서로를 이해시키는 과정이 중요한데, 그런 과정이 귀찮고 불편하다고 해서 따로 돈을 불리겠다고 결정하고 나면 훗날 더 큰 갈등을 초래하게 된다.

결혼 초기에 이런 갈등이 생기면 먼저 그 차이를 인정해야 한다. 자신이 선호하는 재테크 수단에 대해 배우자가 반대한다면, 자신의 의견에 동의할 수 있도록 최선을 다해 설득하는 과정을 거쳐야 한다. 그렇게 했는데도 불구하고 원치 않는다면, 자신의 방법을 포기하거나 일단 부담없는 선에서 같이 경험해보고 결과를 본 다음 다시 고민하자고 제안해보자.

결혼 후 부부의 돈은 나만의 돈이 아니다. 내 마음대로 투자했다가 성공을 하면 큰 문제가 안 되겠지만, 만일 실패하게 되면 문제가 걷잡을 수 없이 커진다. 아마 결혼생활 내내 돈 이야기가 나오면 단골메뉴로 등장해 두고두고 싸움의 원인이 될 것이다. 더 중요한 것은, 돈문제뿐만 아니라 부부간에 의견차이가 생기는 다른 일에도 상대방의 의견을 무시하고 자기 마음대로 결정하게 될 공산이 크다. 이런 일이 반복되다 보면 결혼생활은 늪에 빠지게 마련이다.

돈 많은 배우자를 만나 결혼하면 이런 돈문제에서 벗어날 수 있을까? 돈은 없어도 문제지만 있어도 문제다. 특히 결혼한 부부에게는 더더욱 그렇다. 돈에 관해선 쓰는 법밖에 모르는 쇼핑중독 아내, 술값이나 자신만의 취미생활에 과분하게 지출하는 남편, 자신의 부모님에게만 용돈을 챙겨드리는 얌체 같은 남편, 아내 동의 없이 마이너스대출을 받아 주식투자를 하는 남편…… 우리 주변에 이런 사례가 얼마나 흔한가.

문제는 돈과 관련해서 배우자와 얼마만큼 솔직하게 소통하느냐다. 부부간의 경제 관련 갈등 대부분은 현재 재정상황이나 각자의 계획 등을 평소에 자주 의논하고 소비지출에 관해 둘만의 원칙을 세워놓지 않았기 때문이다. 돈을 물 쓰듯이 쓰는 아내, '우리'라는 개념 없이 '나'만 생각하며 사는 것 같은 남편 모두 배우자에게 실망과 상처를 준다. 그러다 보면 결혼생활에 가장 중요한 신뢰마저 조금씩 무너지게 된다.

마음이 맞아야 돈도 자산이 된다. 두 사람 중 한 명은 열심히 모으려 하는데 다른 한 명은 열심히 쓸 궁리만 하면, 모으려는 사람은 머지않아 지치고 상대적인 박탈감까지 느끼게 된다. 돈을 벌고 쓰는 이유와 방법이 너무 다르면 돈은 그지 돈일 뿐 사산이 되지 않는다. 통장에 들어왔다가 어느새 빠져나가는, 손 안에 든 모래와 같다. 들어온 돈이 그렇게 흩어지고 빠져나가지 않게 하려면, 결혼 초부터 재무적인 기준을 세워가면서 서로의 의견을 좁혀나가야 한다. 이 과정이 통장을 합치는 것보다 중요하다.

최근 나는 결혼한 고객들에게 재무상담 후 포트폴리오 정비안을 건넬 때 '부부 재무 10계명'을 함께 프린트해서 준다. 그동안 많은 부부를 상담하면서 느낀 점과 내가 살면서 경험을 통해 체득한 것들을 바탕으로 마련한 재무·지출 기준이다. 나도 결혼생활 초기부터 몇 가지라도 기준을 세워놓고 살았더라면, 아내와 생각이 달라 다투는 과정에서 서로에게 상처 주는 일도 적었을 거라는 반성과 깨달음을 통해 정리된 것들이다.

얼마 전 아내에게 그 '부부 재무 10계명'을 보여주었다. 처음에는 '새삼스럽게 이런 걸' 하는 표정이었지만, 다 읽은 후에는 웃어 보였다. 벌써 20년을 함께한 부부지만 아직도 잘 지키지 못하는 항목이 있기 때문일 것이다.

살면서 돈이 부부의 행복에 우선할 수 없다. 하지만 돈에 대한 생각의 차이로 발생한 갈등은 돈이 없어 생기는 갈등보다 더 부부의 행복을 갉아먹는다.

이 책을 읽는 독자들도 배우자가 될 사람 혹은 배우자와 함께 이 10

:: 부부 재무설계 10계명

1. 돈은 결혼생활의 수단이어야 한다.
   절대로 돈이 없다고 싸우지는 말자.
2. 결혼했다면, 돈은 버는 사람의 것이 아니다.
   두 사람, 즉 우리의 돈이다.
3. 지출은 무조건 예산제로 해야 한다.
   단 1원이라도 지출이 수입보다 많아선 안 된다.
4. 돈에 대해 정직하자.
   돈 때문에 잃은 신뢰는 만회할 길이 없다.
5. 빚으로 원하는 것을 탐하지 말자.
6. 서로 동의하지 않으면 부모님 보증도 서지 않는다.
7. 맞벌이를 하게 될 경우, 서로의 월급을 비교하지 말자.
8. 자기계발 비용은 가족의 미래를 위한 저축이다.
   그것만큼은 아까워하지 말자.
9. 양가 가족에 대한 지출은 반드시 서로의 동의하에 진행하자.
10. 한 달에 한 번은 가정의 재정상황을 점검하고 허심탄회하게 이야기를 나누자.

계명을 놓고 대화해보기 바란다. 그래서 이 내용을 바탕으로 두 사람만의 10계명을 만들어보라. 이렇게 서로 합의한 원칙을 만들어놓고 하나씩 맞춰가는 과정을 거치면, 돈에 대한 생각이 달라 다투는 일은 점점 줄어들 것이다. 그 과정에서 자산만 느는 게 아니라 서로에 대한 이해와 신뢰, 사랑도 '복리'로 늘어난다.

통장, 버리고 쪼개고 만들고 이름표도 달아라

이제 본격적으로 '통장결혼식'을 거행할 차례다. 부부의 통장을 몽땅 꺼내놓자. 중복되거나 불필요한 통장은 버리고, 지출방법이나 목표에 따라 통장을 쪼개고 필요한 통장은 새로 만들어 근사한 이름을 붙이자. 그래야 부부가 함께 세운 목표를 반드시 이룰 수 있다.

소비지출 관리는 스트레스를 안 받게 단순하면서도 효율적인 시스템으로 정리하고, 두 사람의 목표에 딱 맞는 금융상품을 취사선택해서 저축과 투자를 효과적으로 해야 한다. 통장만 잘 관리해도 목표의 반은 이룬 셈이나 마찬가지다. '시작이 반'이다.

먼저 버려라!

첫째, 신혼부부들의 통장을 살펴보다 보면 대표적으로 중복되는 것이 청약 관련 통장이다. 청약통장의 용도와 가입기간, 부부가 원하는 주택의 형태 등을 고려해서 필요한 것은 남기고 나머지는 해약해 다른 이름표를 달자. 세대주나 비교우위에 따라, 필요하다면 배우자의 명의로 변경해서 사용할 수도 있다. 요즘은 청약통장이 하나라도 제대로 쓰기 힘든 세상이다. 쓰지 못하는 청약통장은 이자도 별로 붙지 않으면서 고민만 가중시킨다. 쓸데없는 고민거리를 남길 필요가 없다. 결국은 해약하게 될 테니, 조금이라도 일찍 해약해서 그 돈을 잘 활용하는 것이 더 현명하다.

둘째, 부부의 보장성보험료를 합해보면 대개 깜짝 놀란다. 혼자 낼 때는 큰 부담을 느끼지 못하지만, 두 사람의 보험료를 합치면 부담스러운 액수가 된다. 훗날 출산을 하면 보험료 지출은 더 늘어난다. 이 시점에서 불필요한 보험은 정리해야 한다. 원금 손실 때문에 정리를 못하는 경우가 많은데, 불필요한 보험은 가능한 한 빨리 정리해야 그나마 손해를 줄일 수 있다. 보장성보험의 원금에 집착해서는 안 된다. 더 많은 기회비용을 물게 될 수도 있다.

셋째, 부부가 각각 펀드에 투자해왔다면 갑자기 비슷한 펀드가 확 늘어난다. 아예 같은 펀드도 있고, 미래에셋의 디스커버리나 인디펜던스 펀드처럼 국내 주식에만 주로 투자하는, 이름만 다르고 내용은 비슷한 펀드도 있다. 일부 환매를 해서 결혼자금으로 사용해 잔고가 얼마 안 남은 펀드도 있을 것이다. 차이나펀드처럼 손실이 커서 환매를 못한 펀드들도 있다. 서너 개만 남기고 나머지는 주식시장의 추이를 보면서 환매해 가짓수를 줄이는 것이 관리하기 쉽다. 남겨놓은 똘똘한 펀드는 목표에 따라 이름표를 달고 불입금액을 다시 설정하자. 만일 다 정리했는데도 남은 펀드가 시원찮으면, 다 환매하고 스마트한 펀드를 다시 선택해 새롭게 시작하는 것도 좋은 방법이다.

넷째, 자주 사용하지 않는 입출금통장도 정리하자. 급여통장처럼 빈번하게 쓰는 통장이 있는가 하면, 있는 줄도 몰랐던 통장이 불쑥 튀어나올 수도 있다. 돈관리를 맡은 사람이 편하게 관리할 수 있도록, 급여통장만 남기고 다 없애는 것이 좋다. 잔액이 남아 있을지도 모르니, 인터넷뱅킹을 활용하거나 해당 은행에 직접 가서 통장을 정리하고, 푼돈이라도 남아 있다면 다 찾은 후에 해지하자. 돈관리를 맡은 사람도 불필요한 입출금통장은 정리하는 게 좋다. 다 없애고 필요한 통장만 남겨도 생각보다 많을 것이다.

다섯째, 그 외에도 연금통장·장기주택마련저축통장·예적금통장·주식통장 등이 있을 수 있다. 만기가 지난 통장은 갈아탈 투자상품이나 새로운 목표를 정하자. 그동안은 구체적인 목적 없이 단지 목돈을 마련하기 위해 모아왔다면, 결혼 후에는 보유하고 있는 통장 각각의 목표를 정해야 한다. 적은 액수를 불입하고 있는 통장이라도 목표를 부여하고 이름표를 달자. 혹시 지금까지 언급한 통장들 중 입출금통장 말고는 하나도 없다고 서러워하지 마라. 신혼이 괜히 신혼인가. 모든 게 새롭다고 신혼이다. 지금부터 알차게 만들어나가면 된다.

🍀 쪼개라!

2009년 내가 출간한 《내 통장 사용설명서》를 비롯해 '통장'이라는 제목을 단 재테크책들이 계속 나오고 있다. 그만큼 돈관리에 있어서 '통장 쪼개기'가 중요하다는 방증이다.

회사로 상담을 받으러 오는 사람들 중에도 통장 관련 재테크책을 읽고 의욕적으로 '통장 쪼개기'를 시도했다가 흐지부지된 경우가 많다. 이론과 실제는 많이 다르다. 관련 시스템이 익숙한 사람들에게는 단순하게 느껴지지만, 익숙지 않은 사람들의 경우 시작도 하기 전에 질려서 포기하기 쉽다.

아직 돈관리에 서툰 신혼부부들에게는 '통장 쪼개기'를 가능한 한 가장 단순하게 시스템화하라고 권한다. 게임에도 레벨이 있듯이, 초보 단계에서는 기본적인 시스템을 먼저 이해하고 습관을 들이는 게 중요하다. 그후에 레벨업이 필요하다면, 꼭 재테크책을 사보지 않더라도 재테크 관련 블로그를 서핑해보면, 실제로 체험하면서 각자에게 맞게 적용한 번뜩이는 방법이 많다. 그중에서 자신에게 가장 잘 맞는 방법을 선택해서 활용하면 된다.

:: 통장 쪼개기의 기본

1. 무조건 3개월 동안은 가계부를 써라. 가계부 쓰라는 조언을 식상하다고 생각할지 모르지만, 지출의 규모와 용도가 파악될 때까지 최소한 3개월은 꼼꼼히 가계부를 써야 한다. 그래야 저축도 효과적으로 하고 목표도 더 빨리 이룰 수 있다.

2. 돈관리를 맡은 사람의 급여통장으로 수입을 몰아라. 배우자는 월급날 한 번만 자동이체를 하면 되니, 번거롭다고 미루지 말자.

3. 비정기적인 지출을 위한 통장에는 체크카드 기능을 반드시 탑재하라. 의료비나 화장품 또는 옷 구입비, 경조사비, 명절 비용 등 매달 나가는 지출이 아닌 비정기적인 지출을 별도로 관리할 수 있는 통장을 만들어라.

4. 돈관리를 맡은 사람의 급여통장에 소비성 지출을 포함한 모든 지출의 자동이체를 걸어라. 저축이나 보험료, 펀드 등도 예외가 아니다. 이 통장만 결산하면 매달 나가는 소비성지출이나 저축의 흐름을 알 수 있게 만들자. 자동이체를 걸 때는 공과금이나 통신요금과 같이 신용과 관련된 것이 제일 먼저 출금되게 하고, 이어서 보험과 적금 그리고 마지막으로 펀드 같은 투자상품 불입금이 이체될 수 있도록 순서를 정해놓으면 좋다. 신용카드 대금 결제일을 언제로 설정할지에 대한 언급이 없어서 당황스러운가? 기본적으로 통장에 있는 현금의 범위 안에서 사용할 수 있는 체크카드를 만들어 사용하고, 돈이 없으면 쓰지 말자는 의미다.

5. 비정기적인 지출을 12분의 1로 나눠 매달 일정한 금액을 비정기지출 통장에 보낸 다음 체크카드로 사용하라. 1년이 지난 후 이 통장에 잔고가 많다면, 다음 해에는 비정기적인 지출의 예산을 적절하게 조정해야 한다.

6. 옷이나 화장품 구매 등 소비성 지출에 대한 통제가 안 되면 별도로 지출통장을 만들어 매달 일정한 금액을 보내놓고, 그 범위 내에서 체크카드로 사용하자. 몇 달간 해보면서 그 통장에 잔고가 없으면 소비성 지출을 하지 않는 습관을 처음부터 들이는 게 좋다.

7. 위 1~6번 방법이 익숙해지고 더 세밀하게 관리하고 싶으면, 급여통장을 다시 쪼개는 것이 더 효과적이다. 급여통장을 정기지출 통장과 저축 및 투자 통장으로 잘게 나누어 관리하면 된다.

🌱 이름표를 달아라!

이제 버릴 것은 버리고 쪼갤 것은 쪼갰다면, 지금 가지고 있는 통장들을 목표에 따라 재배치하고 필요한 통장은 새로 만들어야 한다. 부부가 함께 세운 목표에는 자녀 출산이나 주택 구입 등 중단기적인 목표와 노후 자금 마련 같은 장기적인 목표가 있을 것이다. 결혼 10주년에 자녀들과 함께 유럽여행을 하는 즐거운 목표를 세울 수도 있다. 목표에 따른 금융상품 선택 기준에 대해서는 다음 장에 자세히 설명할 예정이다. 지금 강조하고 싶은 것은 통장에 반드시 이름표를 붙이고 떼지 말라는 것이다.

통장의 이름표를 떼는 순간 모든 계획이 틀어지고 예기치 않은 어려움에 빠지는 경우를 많이 봐왔다. 지인 중에 모든 통장의 이름표를 떼서 계획에도 없던 집을 사는 데 올인한 사람이 있다.

그는 집을 사기 전에는 교육자금도 별도로 마련해나갔다. 결혼 초부터 가족여행 통장을 만들어 매달 5만 원씩 저축해서, 초등학교 5학년과 3학년인 두 딸이 중학교에 가기 전 유럽여행을 가겠다는 꿈도 있었다.

그런데 2006년 집값이 가파르게 꺾이면서 계획이 틀어지기 시작했다. 그는 지금 못 사면 영영 집을 못 살 것 같다며 불안해했다. 몇 번을 말렸지만 1억 5천만 원을 대출받아 용인에 아파트를 샀다. 대출이자가 아까워 대출금을 한 푼이라도 줄이려고 아이들 대학학자금으로 모으던 통장은 물론 가족여행 통장의 이름표도 뗐다. 다른 통장에 있는 돈도 탈탈 털었다.

하지만 통장들의 이름표를 뗀 것으로 끝나지 않았다. 대출금리가 가파르게 인상되었고, 아이들이 커가면서 생활비는 늘어나 저축을 거의 하지 못했는데, 올해 큰아이가 대학교에 입학했다. 간신히 입학금은 마련했지만, 다음 학기부터는 학자금대출을 받아야 하는 상황이다.

그는 지금 대출이 잔뜩 낀 집 말고는 통장에 잔고가 별로 없다. 무엇보다 가족과 함께 소중한 추억을 만들 기회마저 날려버린 것을 제일 안타까워한다. 그는 어쩌면 집보다 더 소중한 것을 잃어버리지 않았을까?

돈이 많이 드는 목표를 달성하는 데 가장 중요한 것은 '시간'이다. 통장의 이름표를 뗄 때 그 통장에 들어 있는 돈만 없어지는 것이 아니다. 시간도 함께 사라진다. 이름표를 붙여놓은 통장은 그 목적에 맞게 사용할 수 있도록, 절대 이름표를 떼지 말자.

또 한 가지, 매번 눈앞에 닥친 문제만 해결하면서 살면 물가상승률에도 못 미치는 이자를 주는 은행의 예·적금만 열심히 이용하면서 살아야 한다. 그러면 당연히 돈이 불어나지 않는다. 그러니 통장에 붙인 이름표를 절대 떼지 말자.

서로 모르는 비밀통장 하나쯤은 필요하다

결혼 2년차, 어느 날 우연히 배우자의 비자금이 있는 통장계좌를 발견한다면 당신은 어떻게 대처하겠는가? '아니, 어떻게 이럴 수가 있어?' 하며 배신감에 당장 부부싸움을 걸 것인가, 아니면 '혹시나 했는데……' 하며 일단은 모르는 척 눈감아줄 것인가?

만일 나한테 어떻게 하는 게 좋겠냐고 물어온다면, 모르는 척하라고 조언할 것이다. 게다가 한술 더 떠서 부부가 서로 모르는 비밀통장을 하나쯤은 만들 필요가 있다고 권할 것이다. 단, 마이너스대출이 가능한 통장은 절대 안 된다.

결혼과 동시에 통장도 결혼시켜야 한다면서 서로 모르는 비밀통장을 만들라니, 이게 무슨 소리인가 싶겠지만 내가 말하는 비밀통장은 '하얀 거짓말' 같은 착한 통장이다. 결혼생활은 몇십 년을 다르게 살아온 남녀가 서로의 라이프스타일을 이해하고 서로의 가족을 보듬어가는 과정이다. 그 과정에는 수많은 갈등과 우여곡절이 있기 마련이고, 어떤 경우에는 남편이나 아내에게 말할 수 없는 사정이 생길 수도 있다. 가족과 관련된 지출을 해야 하는 경우도 있고, 결혼 후에도 포기할 수 없는 자신만의 꿈을 위한 투자가 필요할 때도 있다.

몇 년 전, 고등학교 친구들과의 술자리에서 비자금통장 이야기가 화제에 올랐다. 한 친구가 오랜만에 연락을 해서는 호기롭게 술을 산다고 해서 서너 명이 모인 자리였다. 빤한 월급으로 중학교 다니는 두 아들 뒷바라지하면서 친구들에게 거하게 술 살 여유가 어떻게 생겼을까 싶어 사연을 캐물으니, 비자금통장 관리를 10년 넘게 잘한 덕분이란다.

그 친구는 결혼한 지 2년쯤 되었을 때 아내와 돈문제로 크게 싸웠다고 한다. 아내가 돈에 예민해서 입출금 내역을 세세하게 관리하고, 심지어 자신의 계좌까지 살펴보는 버릇이 있었다.

어느 날 동생이 오토바이사고를 냈다면서 급히 100만 원을 부탁했다. 월급이 나오면 바로 갚는다고 하고, 또 마침 통장에 돈이 있어서 대수롭지 않게 생각하고 바로 보냈다.

그런데 다음 날 퇴근해 보니 아내의 표정이 심상치 않았다. 역시나 왜

동생에게 돈을 송금했느냐고 꼬치꼬치 캐물었다. 자초지종을 얘기했지만, 아내는 어떻게 자신에게 먼저 상의하지도 않고 돈을 보낼 수가 있냐면서 화를 풀지 않았다. 결국 동생에게 다시 돈을 보내달라고 할 수밖에 없었는데, 형으로서 영 체면이 서지 않았다고 한다.

그날 이후로 아내가 모르는 비자금통장을 만들어 관리하게 되었다. 용돈에서 쓰고 남은 푼돈이나 가욋돈을 조금씩 모으고, 그렇게 모인 쌈짓돈으로 펀드에 투자해서, 큰돈은 아니지만 웬만한 목돈을 만들기도 했다. 그 돈으로 이런저런 집안일에 아내 눈치 안 보고 도와줄 수 있게 되었고, 무엇보다 씀씀이를 줄여 쏠쏠하게 돈을 불리는 데 재미를 붙이니 저절로 절약이 되더라면서, 친구들에게도 지금이라도 비자금통장 하나씩 만들라고 부추겼다.

매달 빠듯한 샐러리맨 신세지만, 그 통장만 생각하면 억대 부자가 부럽지 않고, 팍팍한 직장생활과 일상 속에서도 마음 한 켠이 든든하다는 것이다. 아내의 의심을 받지 않고 현금서비스 받을 일도 없이 장남노릇을 할 수 있고, 가족과 좋은 추억을 쌓을 여행계획도 세울 수 있는 최고의 통장이라며 자랑이 이만저만이 아니었다.

맞벌이부부의 경우, 용돈을 아껴 만드는 비자금이라면 한번 시도해볼 만하다. 매달 각자의 용돈을 책정하고, 그 돈을 아껴서 모은 돈은 어떤 용도로 어떻게 쓰든 서로 상관하지 않는 것이다. 금액은 500만 원 미만이 적당하다. 이런 돈으로 기념일에 서프라이즈 선물을 해주면 비자금에 대해 서로 좀더 관대해질 것이다.

한 달에 30만 원을 용돈으로 받는다면, 한두 가지 지출 내역만 줄여도 매달 5~10만 원은 통장에 모인다. 아예 용돈 자체를 줄여서 저축을 해도 되겠지만, 매달 30만 원 이하로 살아야 한다면 지레 갑갑한 마음에 재테크에 대한 열의마저 줄어든다. 지속적으로 아끼고 모을 수 있는 패턴을 만들어, 그 안에서 자발적으로 절약하게 되는 게 바람직하다. 훗날 비자금통장이 들통나더라도, 그 취지와 쓰임새가 옳다는 것을 보여주면 배우자도 배신감을 느끼지 않을 것이다.

부부가 서로 모르는 비밀을 갖는 게 꺼림칙하다면 굳이 비자금통장을 만들 필요는 없다. 하지만 우연히 배우자의 비밀통장을 발견하게 되더라도 너무 닦달하지는 말자. 그 의도와 금액이 납득할 만하다면 슬쩍 눈감아주자. 이심전심, 일심동체가 부부의 미덕이라지만 '당신은 내 손바닥 안에 있어야 해'라며 옭아매지 말고, 서로의 공통점만큼이나 다른 부분도 어느 정도는 인정하고 넘어가줘야 결혼생활이 원활하고 행복할 수 있다.

《초한지》의 책략 중에 '궁지에 몰리면 쥐도 고양이를 문다'는 말이 있다. 퇴로를 완전히 봉쇄하면 상대는 죽기를 각오하고 반격한다. 그러나 퇴로를 조금 열어주면 오히려 세력이나 기가 약해져서 쉽게 이길 수 있다는 뜻이다.

재테크에서도 이 '욕금고종(欲擒姑縱)'의 책략은 의미심장하다. 무조건 아끼고 모으자고 하면 열의 아홉은 중도에 포기하고 만다. 돈은 행복한 삶을 살기 위한 수단일 뿐이다. 결혼생활의 목적 역시 자산을 불리는 것 자체일 수는 없다. 그렇다면 알뜰살뜰한 남편과 아내에게 무조건 허리띠를 졸라매라고 다그치지 말고, 자신의 용돈 정도는 어떤 용도로 어떻게 쓰든 궁금해하지 말자.

이번 기회에 용돈을 좀더 아껴서, 내 친구처럼 10년 목표로 비자금통장을 하나 마련해보는 것은 어떨까? 물론 나도 소소하게 모아놓은 비자금통장이 있음을 이 기회에 아내에게 고백한다.

웃기지 마라
우왕좌왕하다가 인생 훅 간다
...

출발은 비슷했는데 전혀 다른 인생을 사는 건 왜일까?
열심히 사는 것 같은데 왜 형편은 나아지지 않을까?
한순간의 잘못된 선택이 평생 돈멍에를 짊어지게 하는 경우가 허다하다.
부자로 살기 위해서는 기초지식부터 단단히 갖춰야 한다.

Chapter 5

신혼의 달콤함보다 돈 모으는 달달함이 먼저!

WAM : 부자로 살기 위한 기초지식부터 갖춰라

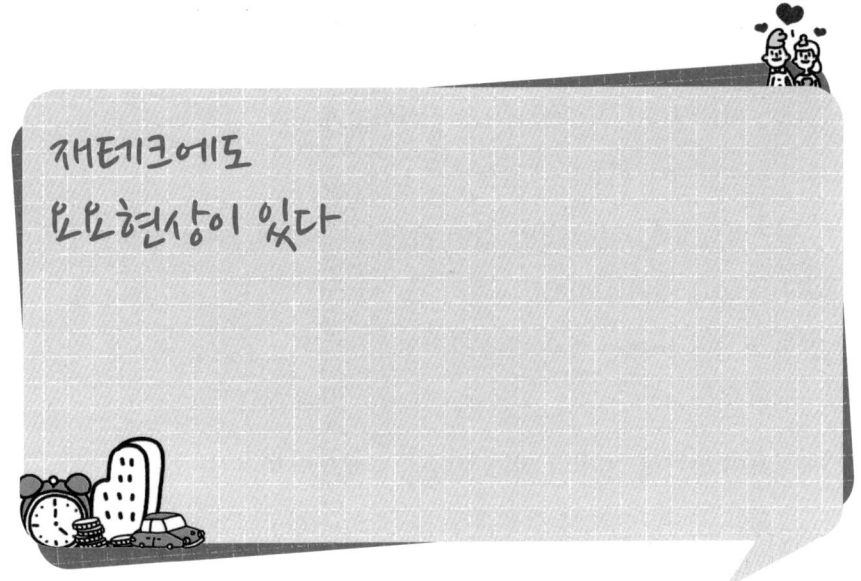

재테크에도
요요현상이 있다

재테크 비법 중 가장 중요한 원칙은 '저축부터 하고 남은 돈을 쓰는' 것이다. 흔히 소득의 50~70퍼센트는, 소득이 발생하자마자 바로 저축으로 흘러가게 만들어놓아야 한다고 말한다.

물론, 저축을 먼저 하는 게 맞다. 하지만 중요한 것은 지속 가능성이다. 의지만으로는 오랫동안 지속할 수 없다. 나도 재무상담 초창기에는 고객들에게 무조건 소비지출을 줄여 저축을 늘리라고 권했고, 그게 최선이라고 믿었다. 그런데 언젠가부터 내 전화를 피하고 연락이 두절되는 고객이 생기기 시작했다. 간신히 연락이 되면, 저축에 대한 부담과 스트레스 때문에 오히려 충동적으로 소비하거나 아예 '나 몰라라' 하게 된다고 하소연했다. 역효과가 발생한 것이다.

다이어트에만 요요현상이 있는 게 아니다. 재테크에도 요요현상이 있다. 운동과 식이요법으로 체계적으로 다이어트하지 않고, 빨리 효과를 볼 욕심에 살 빼는 약을 먹어 식욕을 떨어뜨리고 음식물 섭취를 극도로 제한했을 경우, 몸이 스스로를 보호하기 위해 대사량을 줄이고 오히려 식욕이 증가해 살이 더 찌는 것처럼, 재테크도 마찬가지다.

의욕만 앞세워 하루아침에 갑자기 평소의 생활방식을 완전히 바꾸고 소비를 원천적으로 차단할 정도로 무리한 저축계획을 세우면, 지출할 때마다 스트레스를 받게 되고 결국 '꼭 이렇게까지 해서 돈을 모아야 하나?' 하는 회의가 들어 쉽게 지쳐버린다.

이제 막 결혼한 부부가 두 사람의 기본적인 생활방식 그리고 재무적인 목표와는 무관하게, 소득이 발생하자마자 무리한 금액을 저축하기로 할 경우, 오래지 않아 재테크 자체에 회의를 품게 되고 수입과 지출 관리 자체를 포기하게 된다. 심한 경우에는 2~3년 이상 아예 방치했다가 다시 돌아오기도 한다. 그렇게 손을 놓아버리면 상황은 그 전보다 훨씬 나빠진다.

"언제까지 이렇게, 벌어서 저축하고 저축을 위해 벌며 쳇바퀴 돌 듯 살아야 할까요? 결혼 전에 다니던 미용실도 포기하고 동네 미용실로 옮길 정도로 씀씀이를 줄였어요. 마사지숍 못 간 지도 벌써 6개월이 넘었다고요. 남편도 갑자기 변한 제가 신경쓰이는지 덜 쓰기는 해요. 아무튼 마이너스대출부터 갚으라고 해서서, 월급 받자마자 마이너스통장으로 돈을 보내고 나면 생활비로 쓸 돈이 너무 적어요. 아끼는 만큼 돈이 모이는 것도 처음에는 재미있었는데, 이제는 자꾸만 친구들과의 만남까지 줄이면서 살아야 하나, 이렇게까지 해서 돈을 모아야 하나 하는 생각이 들어요."

보험 가입 때문에 만난 다연 씨는 한숨을 쉬며 말했다.

다연 씨는 나의 조언대로 통장을 정리하고 남편인 대호 씨에게 통장 관리를 맡겼다고 했다. 대호 씨도 한두 달은 통장의 입출금 내역을 유심히 보고, 예전보다는 소비지출을 줄이기는 했단다. 하지만 이들 커플은 아직도 절대적으로 소비지출이 많기 때문에, 앞으로 신혼집을 전세로 옮기거나 출산할 계획까지 염두에 둔다면, 지금보다 더 허리띠를 졸라매야 하는 상황이었다.

그러나 딱 6개월 만에 재테크 요요현상이 온 모양이었다. 결혼 전의 화려한 라이프스타일을 갑자기 바꾸면서, 한두 달은 돈 모으는 재미도 있고 또 신혼 초라 그 나름의 즐거움으로 돈 쓰는 재미를 잊고 지냈지만, 시간이 흘러도 마이너스대출 다 갚고 전세보증금 모을 날이 요원해 보이자, 얼마나 더 기약없이 무작정 저축을 해야 하나 싶어 갑갑해진 것이다.

다연 씨 커플처럼 결혼과 동시에 빚을 갚기 위해 물리적으로 저축을 늘려야 하는 상황이 아니라면, 저축을 시작하기 전에 먼저 할 일이 있다.

자신이 한 달에 평균적으로 얼마를, 어떤 목적으로 쓰는지 알아보는 것이다. 가장 좋은 방법은 가계부를 쓰는 것이다.

하지만 가계부 쓰기가 생각처럼 쉽지는 않다. 1년은 지속적으로 써야 지출과 수입 내역 등이 분명하게 드러나고, 줄여야 할 항목도 파악할 수 있다. 그렇다고 1년 동안 가계부만 쓰면서 돈을 이자도 거의 안 붙는 입출금통장에 방치해둘 수는 없다. 그러니 저축을 계획하기 전 딱 3개월만 가계부를 쓰면서 지출 내역을 평가해보자.

매달 정기적으로 나오는 월급에 상여금 같은 비정기적 수입의 총합을 12분의 1로 나눠서 월평균 수입을 계산한다. 이때 세전연봉보다는 세금이나 기타 공제액을 제한 실수령급여 수입을 산출한다. 월평균 지출은 통신비나 보험료처럼 매달 정기적으로 나가는 지출에, 옷이나 화장품처럼 비정기적인 지출을 더해 12분의 1로 나누면 알 수 있다. 이렇게 계산한 월평균 수입에서 월평균 지출을 빼면, 매달 평균적으로 저축할 수 있는 금액이 나온다. 그 금액으로 목표와 기간에 적합한 적금이나 적립식펀드 등의 금융상품에 가입하면 된다.

이때 상여금이나 성과급은 제외하고 월평균 저축액을 정하는 사람들이 있는데, 반드시 비정기적인 급여도 포함한 금액을 12분의 1로 나눠서 저축액을 산출하라. 상여금이 나오는 달은 보통 마음이 넉넉해져서 미리 목돈이 나갈 지출을 계획하기 때문에 생각보다 많이 쓰게 된다. 저축을 잘하는 사람들은 이런 비정기급여를 잘 관리한다. 1년치 성과급이 한 번에 나오는 경우에는 목돈으로 관리해야 하지만, 1년에 여러 차례 나눠서 나오는 경우에는 꼭 수입에 포함시켜 12분의 1로 나누어 매달 저축을 해야 한다.

이렇게 수입과 지출을 파악한 후에는 급여통장에서 저축부터 빠져나가도록 하고, 비정기지출 통장에 돈을 보내놓은 후에 남은 돈의 범위 안에서만 쓰면 스트레스 안 받고 요요현상도 없이 지속적으로 저축을 할 수 있다.

가계부, 딱 3개월만 써라

가계부를 쓰는 가장 큰 목적은, 지출을 기록함으로써 불필요한 소비지출에 대해 반성하고 줄일 것은 줄이며, 예산을 세워 효율적으로 돈을 관리하기 위해서다. 가계부를 그저 쓰기만 해서는 별 소용이 없는 것이다.

그런데 실제로 상담을 해보면 대부분 가계부를 쓰지 않는다. 쓰다가도 쉽게 포기한다. 상담을 하다가 지출 내역을 물어보면 한 달치 카드값으로 뭉뚱그려 알려주는 이가 많다.

나는 다연 씨에게 딱 3개월만 가계부를 써보라고 권했었다. 그 이상 쓸 것 같지도 않았지만, 최소 3개월이면 기본적인 수입과 지출의 흐름을 파악할 수 있기 때문이었다. 더도 말고 덜도 말고 3개월 동안은 정말 꼼꼼하게 기록해보라고 당부했지만 그녀는 채 한 달도 못 가 가계부 쓰기를 그만두었고, 그나마 쓴 것도 엉성하기 짝이 없었다. 그러다 보니 두 사람의 정기적·비정기적 지출 내역과 그 금액을 제대로 점검해볼 기회도 없이, 월급을 받자마자 카드값과 몇 가지 절대지출 항목의 예산을 제하고는 모두 마이너스대출 갚는 통장으로 이체하게 되었고, 그러니 얼마 견디지 못하고 숨이 턱턱 막혔던 것이다.

경남 씨 커플이나 지수 씨 커플의 경우, 3개월만 가계부를 써도 지출 내역이 명확하게 드러나고 지출 항목이나 금액 자체를 줄여나가기에 큰 부담이 없다. 하지만 결혼 전에 과시성 소비지출과 품위유지비를 습관적으로 써온 다연 씨 커플은 다르다. 갑자기 삶의 질 자체가 달라지는 것 같고, 절약하는 습관이 몸에 배지 않아 특별한 동기가 없다면 무리한 저축을 오랫동안 지속할 수 없다.

그래서 다연 씨에게 지금부터 다시 3개월만 가계부를 써보고, 석 달 후에 항목별로 평균만 내보라고 설득했다. 그리고 가계부를 쓰는 기간에 명절을 비롯한 고정적인 가족행사가 없다면 그 비용까지 미리 지출 내역으로 감안하고, 자동차보험금 등 연중 필수 지출 항목도 포함시키라고 했다. 그렇게 해서 월평균 수입과 지출을 파악한 후, 수입에서 지출을 뺀 금액에서 저축할 수 있는 금액을 합리적으로 산정해보라고 했다.

한 가지 더, 이 커플에게는 그 금액이 중단 없이 꾸준히 저축할 수 있는, 심리적 저항이 없는 금액인지 아닌지 함께 상의해서 결정하라고 조언했다. 조금 더디 가더라도 요요현상 없이 오랫동안 지속할 수 있는 저축이 이들에게는 더 의미있는 저축이기 때문이다. 그렇게 재테크 체질부터 바꿔나가면서 저축액을 늘리는 게 훨씬 합리적이다.

그런 방법으로 저축액을 결정하고 그것부터 급여에서 빠져나가게 해놓은 후에는 가계부를 안 써도 좋다. 단, 가계부 쓰기를 그만두기 위해서는 전제조건이 있다. 외상구매와 소비지출 습관을 나쁘게 만드는 신용카드를 장롱 속에 넣어두고, 내 통장의 잔고 안에서만 쓸 수 있는 체크카드를 사용해야 한다. 한 가지 더, 통장에 잔고가 없으면 소비를 안 하든지 지연시켜야 한다. 갑자기 사고가 났을 때 현금이 없으면 어떻게 하느냐고 반문할 수도 있다. 그런 유사시를 대비해 비상예비자금 통장을 만들면 된다. 즉, 나의 돈관리 시스템을 '없으면 안 쓰는' 시스템으로 만들어나가는 것이다. 이런 시스템에 한번 익숙해지면 통장은 곧 두둑해지고, 시간이 갈수록 돈이 복리로 불어나게 된다.

신용카드 대신 체크카드만 써도 가계부가 달라진다

신용카드를 쓰지 말고 체크카드를 사용하라고 했더니 다연 씨는 할인혜택이나 포인트, 무이자할부 등 '주옥같은' 혜택을 왜 포기해야 하냐며 정색했다. 그래서 할인이나 포인트로 혜택을 보는 것보다 계획에 없는 '지르기' 식 쇼핑을 하지 않음으로써 통장에 쌓이는 돈이 진짜 혜택 아니냐고 반문했다. 사고 싶은 것이 있으면 할부 대신 일시불로 사면 된다. 3개월 동안 억지로라도 가계부를 쓰면, 모든 지출 내역이 머릿속에 있고 예상금액이 나온다. 돈이 많이 드는 지출은 돈을 모아서 하는 것도 재테크다.

 신용카드가 포인트와 할인 혜택 등 체크카드보다 더 유리한 점이 있지만, 체크카드는 연말정산할 때 세금을 덜 내는 이점이 있다. 현재 급여의 25퍼센트 초과분에 대해서 신용카드는 20퍼센트, 체크카드는 30퍼센트의 소득공제 혜택을 준다. 2011년까지는 소득공제 한도액이 신용카드나 체크카드 모두 300만 원으로 같았지만, 2012년 소득분에 대해서는 공제 한도액도 신용카드는 200만 원으로 100만 원 줄이고, 체크카드는 400만 원으로 100만 원을 늘리는 법안이 상정되어 있다. 이 법안이 통과되면, 카드 사용액이 많을 경우 체크카드를 쓰면 지금보다 소득공제를 더 많이 받을 수 있다. 무엇보다도 소비지출 습관을 바꾸는 데 체크카드 사용만큼 획기적인 처방은 없다.

 가계부를 더 이상 안 쓰더라도, 체크카드 사용 내역만 출력해서 봐도 대강의 지출현황이 한눈에 들어온다. 게다가 돈이 없으면 자연스럽게 안 쓰는 습관이 붙기 때문에, 비정기지출 통장에 돈이 남게 된다. 6장에서는 이런 푼돈을 모아 목돈을 만드는 재테크 방법에 대해 알아볼 것이다. 그 재테크 방법들이 남의 이야기가 되지 않도록, 체크카드 사용을 통해 비정기지출부터 줄여보자.

내게 딱 맞는
금융상품을 고르는 기준이 있다

하루에도 수없이 쏟아져나오는 금융상품 중 나에게 딱 맞는 상품을 고르기는 쉽지 않다. 남들이 좋다고 하는 금융상품에 무작정 투자해보지만 결과는 신통치 않고, 금융상품에 대해 공부를 좀 해보려고 해도 용어가 너무 어려워 이내 포기하게 된다. 요즘 잘나간다는 ELS(주가연계증권)나 ETF(상장지수펀드) 같은 상품에 투자하고 싶어도, 증권사는 문턱을 넘기가 은행처럼 편안하지 않고 부담스럽다. 그렇다 보니 만만한 게 은행의 예금과 적금이다. 그런데 요즘 같은 저금리시대에 은행의 예·적금만 이용해서는 물가상승률도 방어하기 힘들다.

금융상품 투자에 성공하려면 가장 먼저 상품의 기본성격에 대해 잘 이해하고, 반드시 원칙과 기준을 세워서 투자해야 한다. 안전하다는 이유로 은행의 적금만 이용하는 것도 문제고, 수익률 높인다고 펀드나 주식 같은 투자상품에만 쏠리는 것도 문제다.

금융상품을 고를 때 가장 중요한 것은 목적과 투자기간이다. 그 다음에는 본인의 투자성향에 따라 안전성과 수익성을 고려해야 한다. 한 가지 더, 적금처럼 목돈을 만들기 위해서 사용하는 수단과 목돈을 굴리기 위해서 사용하는 수단을 구분해서 생각해야 한다.

목표 먼저 정하고 상품을 골라라

금융상품에 투자하는 목표가 뚜렷해야 한다. 3년 후의 결혼자금 마련이 목표일 수도 있고, 10년 후의 내 집 마련이 목표가 될 수도 있다. 사람들이 재테크에 실패하는 가장 흔한 이유는, 구체적인 목표 없이 무작정 금융상품부터 찾아헤매기 때문이다. 모든 금융상품에는 장점과 단점이 있다. 목표와 기간에 따라 장점이 단점이 될 수도 있고, 단점이 장점이 될 수도 있다.

목표를 이루기 위해 필요한 시간, 즉 기간도 중요하다. 재무적인 목표 중에는 2년 이내에 해결해야 하는 단기 목표가 있고, 그 이상이 필요한 중장기 목표도 있다. 노후자금 마련처럼 15년 후를 위한 초장기 목표도 있을 것이다.

그 다음에는 매달 일정 금액을 적립해나가는 방법과 목돈을 굴리는 방법을 구분해서 생각해보자. 언제쯤 결혼할 예정인지, 결혼자금은 어느 정도 모아야 할지 등 기본적인 것을 정하지 않은 채 무작정 안전하게 돈을 모아야 한다는 생각에 투자는 전혀 하지 않고 적금만 부어온 경남씨처럼 뒤늦은 후회를 하지 않으려면, 목표와 기간을 분명히 정한 다음 금융상품을 골라야 한다.

만일 단기간 내에 결혼자금을 모아야 한다면, 수익성은 포기하고 원금을 지키는 방법, 즉 은행의 적금을 택하는 게 좋다. KB국민은행이나 신한은행 같은 메이저은행은 안전한 대신 이자율이 낮으니, 이자를 조금이라도 더 주는 금융회사를 찾아야 한다. 농협·수협의 단위조합이나 신협·새마을금고의 저율과세 상품(일반적으로는 이자소득에 대해 15.4%의 세금을 내야 하지만, 저율과세 상품은 1인당 3천만 원 한도에서 1.4%만 내면 된다)을 이용하거나, 우량한 저축은행을 찾아서 연 1퍼센트라도 이자를 더 받아야 한다.

2~3년 내 결혼을 위한 자금 마련이 목표라면 절대 주식이나 펀드같이 매도 시점에 따라 원금을 보장받지 못할 가능성이 있는 실적배당형 상품에 투자해서는 안 된다. 한창 펀드열풍이 불던 2007년 무렵에 부족한 결혼자금을 불려보겠다고 펀드에 투자했다가 2008년 글로벌 금융위기로 펀드가 반토막나 결혼을 못한 커플이 많았음을 상기하자.

3년 이상의 중장기 목표를 위해서는 적립식펀드나 ETF 같은 투자상품을 이용하는 것이 바람직하다. 투자상품이기 때문에 원금 손실의 위험이 있지만, 저금리가 지속되는 상황에서는 어느 정도 손실 위험을 감수하더라도, 그 위험을 기술적으로 잘 관리하면서 수익을 올리려는 노력이 필요하다.

2008년 글로벌 금융위기의 경험 때문에 펀드투자를 무조건 기피하는 경우도 있는데, 그때 실패한 이유는 펀드가 나쁜 금융상품이어서가 아니다. 펀드의 기본성격도 모른 채 남들이 좋다고 하니까 너도나도 '묻지마' 식 투자를 했기 때문이다. 기대수익률을 연 20~30퍼센트로 너무 높게 잡아놓고, 올라갈 때는 기분이 좋아 열심히 불입하고 떨어질 때는 더 떨어질까 두려워 불입을 중단하는 '역주행'을 한 것이다.

10년 후에나 목돈이 필요한 목표는 내 집 마련, 자녀의 학자금 혹은 노후자금 정도다. 이렇게 초장기적인 목표를 위해 준비할 때는 비과세와 복리효과의 장점이 있는 보험회사의 장기상품이 유리하다. 단, 물가상승에 따른 화폐가치의 하락을 이겨낼 수 있는 상품을 선택해야 한다.

요즘 보험회사와 은행들이 '비과세적금'이라면서 극성스럽게 마케팅하고 있는 비과세저축보험은 피하는 게 좋다. 초기 사업비를 공제한 상태에서 공시이율(은행의 정기예금 이율로 이해하면 된다)로 운용되는데, 10년이 지나 비과세 혜택을 봐야 겨우 은행의 적금 정도 효과를 보는 상품이므로, 비과세와 복리라는 말에 현혹되지 말아야 한다. 게다가 초기에 사업비를 공제하기 때문에, 현재의 이율로는 가입한 지 5~6년이 지나야 겨우 원금이 된다. 이런 상품으로는 그들이 말하는 것처럼 큰 수익을 볼 수 없다. 무엇보다 공시이율 상품은 물가상승에 따른 화폐가치의 하락을 이겨내지 못해, 명목금액은 커지나 실질가치는 줄어드는 위험이 있다.

펀드에 투자해서 수익을 내는 보험회사의 변액보험은 15년 이상 시간적 여유가 있는 목적자금이나 20~30년 후 필요한 노후자금 마련에 적절하다. 이 상품은 비과세와 복리효과가 있고, 펀드투자를 통해 최소한 물가상승률보다는 높은 수익을 달성할 가능성이 높다.

무조건 장기투자하는 게 능사는 아니다

적립식펀드 투자는 기간을 최소 3년으로 잡고, 등락에 관계없이 정기적립식으로 투자해 평균 매입단가를 낮춰야 성공할 가능성이 높다. 기대수익률은 은행의 정기예금 이자율의 두세 배 정도로 눈높이를 낮춰야 한다. 그 이상의 수익은 덤으로 여기는 게 좋다.

목표수익률을 정해놓고 적절한 시점에 환매해서 수익을 실현하면 더 효과적으로 투자할 수 있다. 무조건 장기투자한다고 성공하는 것도 아니다. 장기투자를 하다가 목돈이 필요한 시점이 2008년의 글로벌 금융위기 같은 폭락장과 맞물리면, 여태까지의 수고가 모두 헛고생이 되고 만다. 목표기간이 3년이라 해도 목표수익률에 도달하면 수익을 실현하고, 마이너스라면 목표기간이 남고 당장 써야 할 돈이 아니라면 환매하지 않고 기다리는 것도 좋은 방법이다. 금융상품에 투자해서 10퍼센트 이익을 얻으려면 10퍼센트 손실을 볼 수도 있음을 잊지 말자.

월급에서 다달이 저축 가능한 금액을 적금식으로 투자하는 경우가 아니라면, 즉 목돈투자라면 기본적으로 수익보다는 위험관리가 우선이다. 단기나 초장기 목표를 위해 금융상품을 선택하는 기준은 앞에서 언급한 목돈을 모아나갈 때와 비슷하다. 중요한 것은 중장기 투자를 할 때다. 중장기 목돈투자에서 우선적으로 고려할 사항은 '지키기'다. 목돈의 60~70퍼센트는 예금이나 채권 같은 안전한 자산에 넣어서 원금 손실 없이 연 1퍼센트라도 더 많은 초과수익을 얻어야 한다. 나머지 30~40퍼센트는 본인의 투자성향에 따라 ELS, 거치식펀드, ETF나 주식 등 위험자산에 투자해도 좋다.

돈을 모을 때와 마찬가지로 돈을 불릴 때도 안전자산과 위험자산에 균형있게 투자해서, 전체 자산의 평균 수익률을 최소한 은행 정기예금 이자율보다 2~3퍼센트 높이려는 노력을 해야 한다.

우리가 매달 일정한 돈을 모아 1억 원을 만드는 데는 오랜 시간이 걸린다. 하지만 투자에 실패해서 1억 원이 반토막나는 데는 그리 오랜 시간이 걸리지 않는다. 따라서 목돈투자는 신중하고 또 신중해야 한다. 초기에 자산이 없을 때 돈을 모으기는 그렇게 어렵지 않다. 불필요한 소비지출을 줄이고 돈을 잘 아껴 저축이나 투자를 늘리면 된다. 하지만 그렇게 모은 돈을 불리기란 생각처럼 쉽지 않다. 아홉 번 잘하다가 한 번만 실수해도 그동안의 노력이 물거품으로 돌아가고 만다.

다시 한 번 강조하지만, 좋은 금융상품을 찾는다고 헛고생하지 말고 먼저 목표부터 세우자. 그런 다음 목표달성 기간이나 자신의 투자성향과 궁합이 맞는 금융상품을 선택해야 한다. 좋은 금융상품을 찾는 것이 재테크의 목적이 아니라, 내 목표를 차질없이 이루어줄 수단으로서 좋은 금융상품을 찾아야 재테크에 성공할 수 있다.

> 발품도 팔고,
> 새가슴도 적극 투자해야 한다

    요즘은 저축을 하려 해도 마땅히 돈을 맡길 만한 곳을 찾기가 쉽지 않다. 2011년 하반기부터 불어닥친 저축은행 영업정지 사태 이후, 시중은행보다 이자를 많이 주는 금융회사가 별로 없기 때문이다. 금리 욕심에 저축은행을 이용하려고 해도 또 영업정지를 당해 내 돈이 묶일까 봐 영 불안하다. 게다가 예전만큼 이자를 많이 주지도 않는다. 반면 물가는 가파르게 상승해 2011년 소비자물가 상승률이 연 4퍼센트나 된다. 이 말은 돈을 은행에 맡길 때 세금 등 제비용을 제하고 최소한 연 4퍼센트는 받아야 내 돈의 가치가 줄어들지 않는다는 의미다.

은행에 1,000만 원을 맡겨 세금을 제한 후 연 3퍼센트의 이자를 받을 경우 1년 후에 1,030만 원이 된다. 그런데 물가가 연 4퍼센트 상승한다면 내 돈은 명목금액만 늘었지, 이자까지 더해 늘어난 내 돈 1,030만 원은 1년 전으로 돌아가면 990만 원밖에 안 된다. 즉, 돈을 불리려는 애초의 의도와는 달리, 실질적인 돈의 가치는 쪼그라든 셈이다.

예를 들어, 2012년 4월 현재 금리를 비교적 높게 주는 IBK기업은행의 '신서민섬김통장'에 1년 만기로 정기예금을 했을 때 세전금리는 연 3.7퍼센트이고, 현대스위스저축은행의 1년 만기 정기예금의 금리는 세전 연 4.6퍼센트다. 두 은행의 1년 만기 정기예금 이율과 2011년 물가상승률 연 4퍼센트를 비교해보면, 기업은행에 1년 만기 정기예금을 할 경우에는 이자가 연간 물가상승률에 못 미쳐 실질적으로는 돈의 가치가 줄어든다.

두 은행에 각각 1인당 세금우대 한도인 1,000만 원을 예금한다고 가정하면, 세후에 기업은행은 연 3.3485퍼센트(세금우대 9.5% 과세)의 이율로 1년 만기 후에 334,850원의 이자소득을, 현대스위스저축은행은 연 4.163퍼센트(세금우대 9.5% 과세)의 이율로 416,300원의 이자소득을 챙길 수 있다. 즉, 현대스위스저축은행에 돈을 맡겨야만 그나마 물가상승에 따른 화폐가치 하락분을 보전할 수 있다.

하지만 세후에도 실질금리가 플러스인 현대스위스저축은행을 이용하는 데는 문제가 있다. 2011년 12월 말 기준으로 이 은행은, 금융회사의 건전성을 판단하는 지표인 BIS비율이 5.92퍼센트, 고정이하여신비율은 19.22퍼센트로 악화되어 있다(보통 BIS비율은 8% 이상이 되어야 안전하고, 고정이하여신비율은 8% 미만으로 낮으면 낮을수록 안전하다). 따라서 저축을 하는 동안 부실저축은행으로 지정돼 영업정지될 가능성을 배제할 수 없다.

이런 상황에서는 이자는 조금 덜 주지만 상대적으로 안전한 저축은행을 찾아봐야 한다. 경영지표가 상대적으로 양호한 동부저축은행의 경우, 2012년 4월 현재 연 4.3퍼센트의 이자를 주고 있으니 이용해볼 만하다. 지금처럼 저축은행의 금리가 많이 낮아져 경쟁력이 떨어진 상황에서는 발품을 팔아 조금이라도 이자를 더 주는 곳을 찾아보아야 한다. 1인당 3천만 원 한도 내에서는 저율과세 혜택을 주는 농협·수협의 단위조합이나 신협·새마을금고 등의 1년 만기 정기예금의 경우, 소재지에 따라 약간은 다르지만 연 4.5~5.0퍼센트까지 준다. 게다가 이자소득에 대해 세금을 1.4퍼센트밖에 내지 않기 때문에 세후이자는 더 경쟁력이 있다.

경남 씨, 적립식펀드에 눈뜨다

"뭐라고요? 아니 어떻게 연 3퍼센트 수익률의 적립식펀드가 6퍼센트 이자율의 정기적금보다 낫다는 말씀이세요? 저는 도통 이해가 안 되는데요."

결혼 후 통장 합치기를 마친 경남 씨의 다음 숙제는 두 사람의 월급으로 투자할 만한 상품을 찾는 것이었다. 예전 같으면 은행 먼저 찾아갔을 텐데 이제는 나에게 몇 가지 금융상품 광고지를 보여주면서 상담을 신청할 정도로 관심이 생겼다. 나는 적립식펀드 가입을 제안했다. 신혼집을 마련할 때 무리하게 대출을 받지 않았기 때문에 투자할 여력이 충분한 상황이고, 3년쯤 후 아파트 전세로 옮기기 위한 목표라면 적립식펀드에 분산투자하는 게 적절한 투자방법이기 때문이다.

역시나 원금 손실을 걱정하는 듯했지만, 한 달에 저축 여력이 되는 150여만 원 중 50만 원만 적립식펀드에 불입하고, 나머지는 투자 목표와 기간에 따라 원금이 보장되는 상품을 찾아 분산투자하자고 했더니, 일단은 좀더 고민해보겠다고 했다. 오랫동안 원금 사수형 투자만 해온 터라, 갑자기 원금이 손실될 수도 있는 펀드에 돈을 넣기가 불안하고 걱정스러운 건 당연하다. 이제 경남 씨에게 적립식펀드에 대해 자세히 설명해줄 때가 된 것이다.

실질금리 마이너스 시대에 내 돈의 가치가 쪼그라드는 것을 막기 위해 저축은행도 알아보고 신협이나 새마을금고의 문도 두드려보았다면, 이제는 정기적금과 적립식펀드를 냉정하게 비교해볼 차례다. 월 100만 원씩 1년 만기 정기적금에 연 6퍼센트의 이자율로 가입한다면(물론 2012년 4월 현재, 6% 이자를 주는 금융회사는 없지만), 1년 후에 이자소득세 15.4퍼센트를 제하면 약 329,940원의 이자를 손에 쥘 수 있다. 반면 적립식펀드에 같은 금액을 같은 기간 투자해 제비용을 제하고 연 3퍼센트의 수익률을 기록한다면 약 357,228원의 수익을 올릴 수 있다. 겨우 3퍼센트 수익률의 적립식펀드 투자가 연 6퍼센트 이자율의 정기적금보다 수익이 더 많다는 사실이 놀랍지 않은가?

현재 정기적금의 이자율은 저축은행이 연 5퍼센트대, 시중은행이 연 3퍼센트대이기 때문에 적립식펀드의 수익률이 연 3퍼센트보다 낮아도 정기적금보다 수익이 더 많다. 관건은 원금이 손실될 수도 있는 투자상품인 적립식펀드가 1년 후에 반드시 연 3퍼센트 수익률을 달성할 수 있느냐다. 그 의문에 대한 답은 간단하다. 그럴 수도 있고 그렇지 않을 수도 있다. 적립식펀드는 실적배당형 상품이기 때문에, 주가의 상승과 하락에 따라 1년 후에 3퍼센트 이상의 수익이 날 수도 있고 -3퍼센트보다 더 큰 손실을 볼 수도 있다.

하지만 보통 중장기적인 목표에 맞춰 3~5년을 투자하면, 과거 성과를 참고해볼 때 연평균 3퍼센트 이상의 수익은 충분히 가능하다. 1년 후 연 3퍼센트 이상의 수익이 반드시 보장되지는 않지만, 1년 6개월이나 2년 또는 3년 등 투자기간이 길어질수록 연평균 3퍼센트 이상의 수익을 올릴 가능성은 점점 높아진다. 사실 적립식펀드를 해본 사람들은 알겠지만, 연평균 3퍼센트 수익 달성은 그리 어렵지 않다. 문제는 그 몇 배의 수익을 노리고 적절한 시점에 환매하지 않기 때문에 발생한다.

만약 적립식펀드의 수익률이 연 6퍼센트로, 3퍼센트 증가할 경우를 정기적금 이자율과 비교해보면 더 놀라운 결과가 나온다. 그 수익금은 연 13퍼센트 이자율의 정기적금에 가입한 것과 같아진다. 펀드의 수익률이 높아질수록 수익은 점점 더 많아진다. 원금 손실의 위험 때문에 은행의 정기적금만 이용해서는 안 되는 이유가 바로 여기에 있다. 그래서 냉정하게 적금과 펀드를 비교해봐야 하는 것이다.

지금처럼 저금리시대에는 새가슴이라도 위험을 관리하면서 저금리와 물가상승률을 이겨낼 수 있는 투자를 해야 한다. 투자의 방법은, 여러 차례 강조한 대로 적절한 목표와 기간과 수익률을 정하고, 그 원칙에서 흔들리지 않으면 된다. 새가슴 중에도 새가슴이라면 월 10만 원만이라도 적립식펀드에 투자해 자신감을 키운 다음 조금씩 금액을 늘리는 것도 좋은 방법이다.

돈이 별로 없을 때는 투자가 큰 의미가 없지만, 목돈이 생기고 그 규모가 커지면 투자가 몹시 어려운 과제가 된다. 만일 당신이 현재 10억 원의 현금이 있는데 무조건 원금을 지키기만 원한다면, 최소한 21개의 은행에 분할해서 예금해야 한다(은행의 예금자보호 한도가 원금과 이자를 합쳐 5천만 원임을 감안할 때). 아니면 집 안에 금고를 들여 현금 10억 원을 넣어두고 지켜야 하는데, 그렇게 한다고 해도 항상 도둑이 들지 않을까 노심초사하지 않을까? 나중에 더 큰 돈을 더 잘 굴리기 위해서라도, 지금부터 투자경험과 마인드를 키워나가야 한다. 지금같이 저금리 상황이 지속되는 한 말이다.

15년 전 고등학생 때도 돈 때문에 속상했고, 불과 얼마 전에도 돈 때문에 결혼까지 미뤘던 경남 씨. 돈걱정은 많지만 그나마 있는 돈은 무조건 지키고 보자는 마음에 은행만 드나들었다면 이제는 달라져야 한다. 15년 후에는 지금과 다른 삶을 살고 싶다면, 적립식펀드가 투자의 첫 번째 계단이 될 수도 있다. 지금까지 울퉁불퉁한 평지를 그저 묵묵히 걸어왔다면, 이제부터는 경남 씨 부부의 새로운 목표에 닿을 수 있도록 한 계단 한 계단 올라가보는 거다.

대박 꿈꾸며 주식하면 쪽박 차게 된다

혹시 주변에 주식투자를 해서 돈을 번 사람이 있는가? 쪽박을 찬 사람은? 둘 중 어느 쪽이 더 많은가? 또 주식투자를 하라는 사람과 하지 말라는 사람 중 어느 쪽이 더 많은가? 아마도 쪽박 찬 사람과 주식투자는 절대 하지 말라는 사람이 더 많을 것이다. 나 역시 고객들 중 투자지식이나 경험이 없는 사람들이 주식투자를 하고 있거나 관심을 보이면 하지 말라고 만류한다. 정 주식투자를 해야겠다면 차라리 ETF투자를 하라고 권하는 편이다.

주식투자에 실패하는 전형적인 유형은, 고객을 봉으로 여기는 증권회사 직원에게 투자를 일임하거나 직접 투자하되 '묻지마' 식으로 투자를 하는 경우다. 증권회사 직원들 중에는 자신들의 수수료수입이나 인사고과를 위해 하루에도 몇 차례씩 사고팔기를 반복하면서 고객의 이익보다는 매매회전율을 높이는 데만 관심이 있는 이들도 있다.

그리고 대부분의 서민들은 많지 않은 금액으로 투자를 하다 보니, 주당 100만 원이 훌쩍 넘는 우량주로는 성이 차지 않는다. 그래서 만만한 2~3만 원대 종목을 무조건 고르거나, 코스닥에 상장되어 있는 정체불명의 회사 중 무슨 업으로 어떻게 수익을 내는지도 모른 채 '동전주'라는 이유만으로 무작정 오르리라 기대하고 주식을 사기도 한다. 주변의 친구나 직장동료들이 좋은 정보라고 알려주면 기본적인 것도 따져보지 않고 따라 사는 사람들도 있다. 증권회사에서 일하는 친구가 작전이 걸려 있는 주식 같다고 귀띔하면서 최소 3개월 안에 두 배는 올라갈 거라고 하면 또 무작정 사들인다.

그런데 그런 주식들은 대체로 우량주들이 다 올라갈 때는 안 오르고 떨어질 때는 더 떨어진다. 그러다가 어느 날 상장폐지되어 휴짓조각이 되기도 한다. 이런저런 이유로 수시로 사고팔면서 단기 시세차익을 노리는 소액투자자들은 대부분 '벌 때는 조금 벌고, 잃을 때는 왕창 잃는' 실패를 반복한다.

주식투자 자금을 마련하는 데도 문제가 있다. 보통 배우자가 주식투자를 말리는 경우가 많아, 몰래 마이너스통장에서 돈을 빼 자금을 마련하거나 신용대출을 받아서 주식투자를 하곤 한다. 기본적으로 비용이

드는 돈으로 하기 때문에 수익을 더 많이 내야 하는데, 그에 걸맞는 성과를 내기란 쉽지가 않다.

　욕심이 생기거나 손해를 봐서 마음이 급해지면 신용으로 주식투자를 하기도 한다. 투자를 할 때도 사놓고 뚝심있게 기다리기보다는 사고팔기를 되풀이하며, 심한 경우에는 업무에 지장을 줄 정도로 하루종일 주식시세에만 몰두한다. 계속 사고팔기를 반복하느라 거래수수료로 수익을 고스란히 내놓는 것도 모자라, 직장에서는 일 안 하고 주식만 한다고 눈총을 받는 경우도 많다.

대호 씨, 주식투자 좀 개념있게 합시다

대호 씨는 직장생활과 동시에 주식투자를 시작했다. 선배들의 투자성공담이 너무나 달콤했고, 친구들도 대부분 주식투자에 관심이 있었다. 하지만 대호 씨는 결론적으로 주식투자에 실패했다. 성격상 한 종목에 '몰빵'하는 대호 씨는 많이 벌고, 번 만큼 많이 잃었다. 벌 때는 잔뜩 들떠 친구들과의 술자리에서 호쾌하게 카드를 긁어댔고, 소형 외제차도 할부로 구입했다. 잃을 땐 무리하게 마이너스대출을 받아 소위 '물타기'로 평균 단가를 낮춰보려다가 대출이자 손실까지 떠안았다.

　무엇보다 오랫동안 주식투자를 했지만 종목을 선정하는 뚜렷한 기준이 없었다. 첫 번째 상담이 그와의 마지막 상담이 되긴 했지만, 주식투자 경험담을 들어보니, 주로 회사 내 주식투자자들이 흘려주는 정보와 증권 관련 사이트 또는 방송에서 권하는 종목 위주로 투자를 하는 것 같았다. 사고팔기도 너무 잦았다. 심할 때는 단타족처럼 하루에도 몇 번씩 사고팔았다.

나는 2년 내에 결혼할 예정이라면 주식은 하지 말라고 조언했다. 하지만 대호 씨는 모자란 결혼자금을 한 방에 마련해보려고 MMF통장에 든 돈으로 주식투자를 했다. 그러나 결혼이 생각보다 빨리 진행되어 그가 원하는 '한 방'의 꿈은 이룰 수 없었다.

여기까지 읽다 보면, 주식투자를 하지 말라는 이야기로 들릴지도 모르겠다. 물론 대호 씨와 같은 방식으로 투자한다면 말리고 싶다. 하지만 개념있는 주식투자는 자산관리를 위한 중요한 투자수단이다. 특히 요즘 같은 저금리시대에는 더구나 주식투자에 관심을 가져야 한다. 처음에 목돈을 모을 때는 주식투자를 아예 몰라도 된다. 그런데 점점 자산이 불어나면 은행의 예·적금만으로는 원하는 투자수익을 올릴 수 없어 주식투자를 해야 하는 시점이 오게 마련이다.

돈을 모을 때는 적금이나 적립식펀드만 열심히 해도 큰 차이가 안 나지만, 이미 목돈이 된 돈은 자산을 어떻게 분산해서 투자하느냐에 따라 돈이 불어나는 속도가 달라진다.

1천만 원을 가진 사람이 그 돈을 전부 주식에 투자하다가 실패하면 몇 년 걸려 애써 모은 돈을 한 방에 다 날려버릴 수도 있으므로, 주식투자는 아예 처다보지도 않는 게 좋다. 하지만 모은 돈이 5천만 원 또는 1억 원

이상이 되면 이야기가 달라진다. 목돈 중 10~20퍼센트를 주식에 투자하다 실패해도 자산에 크게 상처가 나지 않는다. 대신 주식투자에서 평균적인 수익을 얻는다면 전체 자산의 수익률을 조금이라도 더 올릴 수 있다. 단, 결혼자금이나 1~2년 내에 사용해야 할 돈으로는 절대 주식투자를 시작해서는 안 된다. 철저하게 시간적으로 여유가 있는 돈으로만 해야 한다.

주식투자를 할 때도 항상 원칙과 기본을 지켜야 한다. 최소한 주식의 원리에 대해서 공부를 하고, 투자하려는 주식을 발행한 회사에 대해서도 기본적인 사항과 미래의 성장 가능성에 대해 자료를 찾아보자. 주변 전문가들에게도 충분히 조언을 받은 후, 스스로 투자를 하는 게 옳은지 한 번 더 생각해본 후 주식을 사야 한다.

그리고 장기투자가 반드시 성공을 담보하지는 않지만, 긴 시간을 두고 여유있게 투자를 해야 성공 가능성이 높아진다. 펀드와 마찬가지로 목표수익률을 설정해놓고 중간중간 수익을 실현하는 것도 성공 가능성을 높이는 방법이다. 또 장기적인 성과를 믿고 오랫동안 보유하면서 시세차익과는 별도로 배당금을 받아 재투자하면서 복리효과를 노리는 것도 좋은 투자방법이 될 수 있다.

자본주의 시장에서 주식투자는 잘 알고 제대로 활용해야 하는 매력적인 투자상품 중 하나다. 위험하다고 무조건 피할 필요도 없고, 그렇다고 막무가내로 투자해서도 안 된다. 투자기간을 여유있게 잡고 목돈이 된 자산 중 일정 비율을 정해 원칙을 가지고 투자하면, 내 돈을 지금보다 조금 더 빠르게 늘릴 수 있다.

빚으로 하지도 말고 남들이 좋다고 무작정 따라하지도 말자. 대박을 노리고 '묻지마' 식으로 투자를 하거나 전재산을 올인해서 '모 아니면 도' 식으로 투자해서는 절대로 성공할 수 없다. 자칫 잘못하면 '한 방에 훅' 가는 게 바로 주식투자다.

아이가 초등학생 되기 전에 대출받아 집 살 필요는 없다

결혼 전부터 통장관리가 철저하고 재테크 마인드도 건실했던 지수 씨 커플에게도 한 가지 고민이 있다. 고민이라기보다 과제인 셈이다.

두 사람은 결혼할 당시 합계 자산이 2억 원 가까이 되었다. 당연히 양가 부모님의 도움 없이 수도권의 소형 아파트 전세에서 신혼살림을 시작할 수 있었다.

이 부부는 3년 후에 출산을 할 계획이다. 그리고 전세기간이 만료되는 시점에 지금보다 아파트 시세가 더 떨어져 있으면 소형 아파트 급매물을 찾아 살 생각을 갖고 있었다. 물론 2년 동안 두 사람이 함께 지금의 수입과 지출을 유지하면 7~8천만 원 정도 더 모을 수 있고, 그러면 일부 대출을 받아서 집을 마련할 수 있다.

그런데 의외로 지수 씨는 집을 사는 것에 회의적이었다. 출산 후 1년은 육아휴직을 내서 아이를 키울 생각인데, 그러면 1년 동안 자신은 수입이 거의 없을 테고 육아비용도 만만치 않을 것이므로 4~5년쯤 뒤에 생각해보자는 쪽이었다. 그런데 남편인 대현 씨가 오히려 내 집 마련을 서두르는 듯했다. 집값이 이제는 바닥을 다진 것 같다면서, 전세가 만기가 될 때마다 이사걱정을 하는 것도 싫고 서재와 아이 방까지 있는 집을 샀으면 좋겠다고 했다.

지수 씨 커플의 고민에 대한 나의 답은, 이미 수많은 고객을 상담하면서 세워놓은 원칙이었다. 바로 아이가 초등학교에 입학하기 전에 대출을 받아 집을 사지는 말라는 것이다.

이들처럼 소형 아파트 전세로 신혼을 시작한 커플들은 보통 결혼 3년차에 접어들면서 집 사는 문제를 고민하게 된다. 전세 재계약을 하면서 인상된 보증금 충당하느라 통장을 탈탈 털거나 돈이 부족해 이사를 하고 나면 내 집 마련의 꿈이 더욱 간절해지기 때문이다.

🧠 지수 씨 커플의 내 집 마련을 위한 조언

인생의 3대자금인 주택자금, 자녀교육자금, 노후자금 중 가장 먼저 고민하게 되는 게 바로 주택자금 마련이다. 이 세 이벤트 중 사람들이 가장 많이 관심을 갖고 욕심을 내지만, 자칫 잘못하면 나머지 2대 자금흐름의 물꼬까지 막는 게 바로 주택자금 마련이다. 그렇기 때문에 집에 대한 막연한 욕심을 버리고 냉정하게 준비해야 한다.

이 책을 읽은 독자라면 내 집 마련에 대해서 긴 시간을 두고 신중하게 준비해나갔으면 좋겠다. 분명한 계획과 원칙 없이 조급해하다가 잘못된 선택을 하게 되면, 이후의 결혼생활은 기약없이 팍팍해질 수 있다.

우리 부모님 세대에 주택은 거주지이자 재테크 수단이었다. 무리하게 대출을 받아서라도 집을 사두면 집값이 지속적으로 가파르게 상승했기 때문에 대체로 가계자산이 불어났다. 과연 지금도 그럴까? 아니다. 앞으로는 어떨까? 더더욱 아니다. 이제 집은 재테크 수단이 아니라 실거주 차원에서 접근해야 한다.

2008년 글로벌 금융위기로 집값이 폭락했다가 이듬해 정부의 부동산부양 대책으로 반짝 상승했다. 과거에도 집값은 계속 상승과 하락을 반복해왔기 때문에, 사람들은 그때 부동산경기 침체도 그런 과정으로 여겼다. 그래서 MB정권이 들어설 때 부동산을 소유한 사람들은 자산을 더 늘릴 기회라고 기대했고, 그렇지 못한 사람들은 영원히 내 집을 마련하지 못하게 될까 봐 걱정했다. 하지만 시대의 흐름은 거스를 수 없었다. 부동산 전문가들의 예측도 빗나갔다.

나는 부동산 전문가는 아니지만 20대에서 70대까지 다양한 세대의 자산현황을 보면서, 앞으로 집에 대해 과거처럼 재테크 수단으로 접근했다가는 큰 낭패를 볼 거라는 확신이 생겼다. 직장에 들어가 10년 정도 열심히 저축을 해도 66제곱미터(약 20평)형 아파트를, 집값의 30퍼센트 이내로 대출을 얻어서도 못 산다면, 이는 분명 집값에 문제가 있다는 이야기다. 소득이 늘어서 집값이 오르는 거라면 문제가 없겠지만, 그렇지 않다면 정부의 정책을 비롯한 모든 상황이 잘못된 것이고, 이는 장기적으로는 결국 제자리를 찾아가게 될 것이다.

베이비부머(1955~1963년생)들이 은퇴를 하고 있다는 점도 예의주시해야 한다. 집값이 오를 때도 베이비부머들이 큰 역할을 했듯이, 거꾸로 집값이 떨어질 때도 그들이 주택시장 변화에 큰 영향력을 미칠 것이다. 베이비부머들 중 대부분은 2000년대 중반 자녀가 성장함에 따라 부동산가격 상승에 대한 믿음으로 중소형의 1차주택을 처분하고 무리하게 중대형의 2차주택을 마련했다. 현재 자녀교육비 등으로 저축 여력도 크지 않다. 자녀의 결혼비용으로 큰 돈을 지출해야 하는 시기도 점점 다가오고 있다.

더 큰 문제는 아직 2차주택의 대출 상환이 끝나지 않은 경우가 많다는 점이다. 매달 정기적인 소득이 있을 때는 다소 힘에 겨워도 대출금을 갚아나갈 수 있지만, 명예퇴직 등으로 정기적인 소득이 중단되면 대출금 갚기가 어려워지고, 심리적인 압박감으로 인해 주택 처분을 고민하게 된다.

게다가 충분한 노후자금을 확보한 사람도 많지 않다. 시간이 가면서 보유자산 중 비중이 크지 않은 금융자산이 빠르게 소진될 것이고, 결국

주택으로 노후를 해결할 수밖에 없다. 현재 살고 있는 집을 팔아서 외곽으로 나가든지, 아니면 다시 1차주택으로 이사할 가능성이 높다. 그럴 경우 시장에는 집을 사려는 사람보다 팔려는 사람이 많아지고, 중대형 주택들이 가장 먼저 큰 폭의 하락을 맞게 된다.

앞으로 과거와 같이 고도성장을 할 수 있는 상황이라면 모르지만, 저출산·고령화로 더 이상 고도성장을 기대하기 어렵다면 집값도 마찬가지 상황이 될 것이다.

2535세대의 경제력이 취약한 것도 집값 하락을 부추긴다. 취업이 쉽지 않고, 취직한다고 해도 학자금대출을 안고 직장생활을 시작하는 경우가 많다. 게다가 일부 대기업에 취업한 맞벌이 직장인을 제외하고는, 현재의 급여수준으로는 집을 살 수가 없다. 전셋집도 대출을 안고 있는 경우가 흔하다.

결국 2535세대는 취약한 경제력 때문에 집을 사기 어렵고, 설사 무리한 대출을 끼고 집을 사더라도 원리금 상환에 대한 부담 때문에 '하우스푸어'로 살다가, 더 이상 빚을 갚을 여력이 없어지면 살던 집에서 나와야 한다.

1천조 원을 향해 달려가고 있는 가계부채도 임계점에 다다르고 있는데, 이는 집값 하락에 가장 큰 원인을 제공할 것이다. 지금까지는 은행에서 비교적 쉽게 대출을 받을 수 있었기 때문에 집값이 큰 폭으로 하락하지 않았고, 전세보증금도 근 2~3년 동안 거침없이 상승했다. 하지만 현재 가계부채 상황으로 본다면, 과거처럼 지속적으로 대출을 늘려 집값을 떠받칠 수는 없다.

　주변을 둘러보면 알 수 있다. 소비성 부채 같은 악성부채를 제외하고라도 학자금부터 전세자금, 주택담보 대출까지 한 집 걸러 한 집은 빚으로 고통을 받고 있다. 그 대출을 갚아야 할 시간은 반드시 온다. 그때는 집값 하락만의 문제가 아니라 총체적인 어려움에 빠질 수 있다. 계속 빚을 늘려서 살 수 있다면 죽을 때까지 빚으로 살면 되겠지만, 모든 것에는 결국 마지막이 존재한다.

　인구통계학에 근거한 인구구조 변화도 주시해야 한다. 다른 모든 요인은 정부의 정책이나 상황에 따라 변수가 발생할 수 있지만, 인구통계학적인 예측은 시간의 문제일 뿐이다. 일본의 부동산거품이 터진 주요 원인도 결국은 저출산·고령화에 따라 점진적으로 생산 가능 인구가 크게 줄어든 것이었다. 저출산·고령화에 따른 인구구조 변화는 단기간의 정책으로는 절대 변화시킬 수 없는 점진적이면서도 장기적인 영향을 주기 때문에, 거품이 터진 지 20여 년이 지난 지금까지도 일본의 부동산시장은 회복하지 못하고 있다.

　지금 우리나라도 마찬가지 상황이다. 2018년을 정점으로 15~64세의 생산 가능 인구가 줄어들기 시작한다. 결혼적령기 남녀의 초혼연령은 점점 늦춰지고, 미혼율은 높아지고 있다. 특히 서울과 수도권에서 30대 중반의 미혼율은 50퍼센트에 육박한다. 1~2인가구 수도 급속하게 증가하고 있다. 인구대체 수준이 되려면 합계 출산율이 최소 2.1은 돼야 하는데, 1983년 2.06을 기록한 이후 계속 낮아져 2010년에는 1.23이었다. 즉, 최근의 부동산가격 하락 현상이 경기가 어려워 일시적으로 나타난 상황이 아니라 이유있는 하락의 시작이라는 것이다. 이 밖에도 집이 더 이상 재테크 수단이 될 수 없는 이유는 많다.

물론 남의 집에 살다 보면 2년에 한 번씩 임대차계약을 해야 하고, 주인이 집을 팔기라도 하면 이사를 가야 하니 비용이 발생하는 등 번거로울 수 있다. 또 2년마다 전세금을 대폭 올려달라는 집주인의 요구 때문에 하루라도 빨리 내 집을 마련하고 싶어진다. 아기를 가지면 더 좋은 환경에서 키우고 싶어 더 내 집 마련을 서두르게 된다.

내가 강조하고 싶은 것은 집을 사지 말라는 이야기가 아니다. 단, 사더라도 집값이 올라갈 거라는 근거없는 믿음으로 무리하게 대출을 받아 필요 이상으로 큰 집을 사지 말라는 것이다. 최소한 아이가 초등학교에 입학할 때까지는 돈을 모으며 살 수 있는 '살(居) 집'을 골라야 한다. 대출액은 전체 금액의 30퍼센트를 넘지 않아야 한다.

집을 살 때는 단지 집값만이 아니라 부동산중개비와 취·등록세 및 이사비용 등도 감안해야 한다. 또 집을 소유하는 순간 부대비용이 발생한다. 재산세도 내야 하고 건강보험료도 인상될 수 있다. 앞으로는 오래된 집은 특별한 경우를 제외하고는 일본처럼 내 돈을 내고 리모델링을 해야 할지도 모른다. 과거처럼 재개발이나 재건축으로 돈을 벌 수 있다는 생각은 버려야 하는 것이다.

집에 대해서는 천천히 생각하자. 좋은 집을 살 더 많은 기회가 올 것이다. 특히 부부만 살 때는 집에 있는 시간도 그리 길지 않다. 아이들도 최소한 초등학교에 들어갈 때까지는 자기가 어떤 집에 살았는지 기억도 못한다. 지금부터 내 집 마련을 준비하되, 자녀가 초등학교에 들어갈 때를 내 집 마련의 1차목표로 삼아보자. 그 전에는 주거를 해결하기 위해 대출을 받아 금융비용을 지불하지 말고, 그 돈을 잘 모으자. 현금을 들고 있으면 분명 다른 더 좋은 기회가 찾아올 것이다.

효도비용, 작게 시작해야 더 큰 효도를 할 수 있다

결혼하면 누구나 효자효녀가 된다. 부모님 용돈도 매달 챙겨드려야 하고, 명절과 생일 등 가족행사 때 나가는 지출도 커지기 마련이다. 경제적으로 여유가 있는 부모님들도 결혼한 자식들에게는 조금이라도 용돈을 받아야 한다고 생각하신다. 양가에 공평하게 드리다 보면 그 지출이 만만치 않다.

결혼 전이라도 직장생활을 시작하면 당연히 효도비용 항목을 지출의 한 부분으로 잡게 된다. 효도비용은 분명 '착한' 지출이다. 그래도 지출은 지출이다. 계획적으로 해야 한다는 말이다.

독자들 중에는 부모님이 아직 매달 정기적인 수입이 있고 경제적으로 여유가 있는 경우도 있고, 지금도 부모님께 생활비를 드리거나 다른 가족의 생계까지 책임지고 있는 경우도 있을 것이다.

그런데 생활비를 꼭 지원하거나 생계에 대한 책임을 져야 하는 경우라면 모르지만, 부모님이 경제적 여유가 있을 때는 지금보다 미래를 대비하는 게 더 현명하다.

부모님이 연로하셔서 병원 출입이 잦아지고 입원까지 하게 되면 자식된 도리로 병원비를 부담해야 한다. 또 부모님의 경제력이 취약해져 매달 일정 금액을 생활비로 드려야 할 수도 있다. 그때는 지금 드리는 용돈 정도가 아니라 목돈이 지출될 것이고, 액수가 커져서 별도로 미리 저축을 해오지 않았다면 다른 목표를 위해 저축해온 돈으로 지출을 해야 한다. 따라서 지금 굳이 부모님께 매달 용돈을 드리지 않아도 되는 상황이라면, 부모님과 대화를 통해 용돈 대신 부모님의 미래를 위해 저축을 하겠다고 말씀드려라. 아마 더 마음 든든해하실 것이다.

다연 씨 부부, 뒤늦게 효자효녀가 되다

다연 씨 커플은 또래보다 더 다양한 항목에 더 많은 비용을 지출해왔지만, 결혼 전에는 효도비용이 지출 항목에 없었다. 하지만 결혼 후에는 매달 양가 부모님께 용돈을 드리기로 했다. 문제는 금액이다.

다연 씨 부모님은 부동산자산이 있지만 현금자산은 많지 않고, 동생들 결혼비용까지 생각하면 아파트를 처분하지 않고는 노후자금도 넉넉지 않은 상황이다. 반면 대호 씨 부모님은 연금생활자이기 때문에, 지금 사시는 아파트가 유일한 자산이지만 생활에는 문제가 없다.

그래서 다연 씨는 지금 살고 있는 집도 자기 부모님 소유의 아파트고, 월세를 드리기는 하지만 자신들이 사는 동안은 월세 인상도 못하실 테니, 대호 씨 부모님께 드리는 용돈보다는 좀더 드려야 한다고 생각했다. 하지만 대호 씨는 이왕 드리는 거라면 양가 똑같이 드리자고 했다. 만일 그렇게 양가에 50만 원씩 총 100만 원이 매달 나가고, 통큰 이들 부부가 명절이나 기념일마다 선물과 별도의 용돈을 드린다면, 효도비용은 그야말로 배보다 배꼽이 더 큰 상황이 되고 만다.

결혼 후 양가에 효도비용을 드릴 때는 부부 사이에 신경전이 벌어지기 마련이다. 다연 씨는 결혼 후 돈 때문에 '산 넘어 산'을 넘는 것 같다고 했다. 서른다섯 해 넘게 살면서 돈걱정은 한 번도 해본 적이 없는데, 어쩌다 이렇게 돈 때문에 날마다 전쟁인지 모르겠다며 울상을 지었다.

나는 이 커플에게 효도비용을 30만 원으로 줄이라고 조언했다. 당장 생활비가 없으신 것도 아니고, 두 사람 다 장남·장녀이기 때문에 지금보다는 앞으로 점점 더 효도비용이 늘어날 가능성이 크기 때문이다. 무엇보다 이들의 재정상황에서는 너무 큰 부담이었다. 지금 당장은 부모님보다 자신들의 재정상태가 더 위태로웠다. 마이너스대출을 갚느라 지출의 절대비용을 줄이고 있는 마당에 효도비용을 폼생폼사 스타일로 쓸 수는 없지 않은가.

　본인들의 급여수준만 놓고 이 정도는 드리자고 결정하기 전에 현재 자신들의 재정상황과 양가 부모님의 상황을 잘 고려해서 효도비용의 기준을 세워야 한다. 만일 상황이 여의치 않다면 부모님께 그 이유를 충분히 설명드려서 쓸데없는 오해를 사지 않도록 하자. '자식들 사정이니 어련히 다 아시겠지' 하고는 아무런 이야기도 없이 드리지 않으면 원망과 서운함이 사위나 며느리에게 돌아올 수 있다.

　효도비용은 드리기 시작하면 중단하기 어렵고 금액을 줄이기도 쉽지 않다. 지금 당장 자식된 도리만 생각하기보다, 부모님의 경제력이 많이 약해지는 먼 훗날까지 생각해서 현명하게 지출을 결정해야 한다. 미혼일 때도 마찬가지다. 여유가 있다고 많이 드리다가 막상 결혼을 해서 적게 드리거나 못 드리면 부모님은 서운해하신다. 자식 일이니 이해는 해도 서운한 마음은 어쩔 수가 없다.

🧠 양가에 똑같이 하는 게 능사가 아니다

20년 넘게 서로 다른 환경에서 살아온 두 사람이 합치다 보니 양가 부모님의 상황이 다를 수 있다. 배우자의 부모님은 경제적으로 여유가 있지만 내 부모님은 여유가 없어 부양비를 드려야 할 수도 있다. 또 그 반대일 수도 있다. 그런데 이런 상황을 고려하지 않고 무조건 양가에 똑같이 드리는 게 옳다고 생각하는 경우가 많다. 그러면 다툼이나 잡음은 없겠지만 가계에 큰 부담이 된다.

　이때도 대화를 통해 조율해서 기준을 세워야 한다. 똑같이 하는 것이 능사가 아니다. 양가의 상황에 맞춰 적절한 기준을 세우자. 이런 이야기는 두 사람 중 부모님이 경제적으로 여유가 있는 사람이 나서서 하는 것이 좋다. 부모님의 생활이 어려워 부양비를 보내야 하는 입장에서는 먼저 이야기를 꺼내기가 쉽지 않다. 특히 남편이 혼자 버는 경우, 아내의 입장을 고려해 남편이 먼저 의논을 해주어야 한다. 이런 배려가 부부관계를 더욱 공고히 하고 결혼생활의 든든한 버팀목이 되어준다.

밥을 굶어도 평생 여가전용 통장은 만들어라

이제 막 재테크에 눈을 뜬 경남 씨 커플에게 나는 적립식펀드를 비롯해 물가상승률을 이기는 금융상품에 대해 조언하면서, 마지막으로 '평생 여가전용 통장'을 꼭 마련하라고 당부했다. 그런데 대뜸 경남 씨가 은행에 그런 통장이 있냐고 물어서 한참을 웃었다. 이 통장은 누구보다 성실하게 살면서 덜 먹고 덜 누리며 돈을 모아왔지만, 그저 돈걱정 없이 사는 게 꿈이었던 경남 씨를 위한 '꿈과 로망의 통장'이다.

훗날 그가 30억 자산가가 될 수 있을지 없을지는 누구도 모른다. 하지만 그런 자산가가 되지 못해도 사랑하는 가족과 여행을 떠나고 테니스를 치면서 여가생활을 즐길 수는 있다. 그러기 위해서 평생 여가전용 통장이 필요하다. 결혼해서 알콩달콩 아옹다옹 살다 보면 갑자기 살림이 확 피기는 어렵다. 아이가 생기면 더 팍팍해진다. 그러면 자연히 여가생활 비용을 먼저 줄이게 되고, 그러다 보면 구체적인 계획을 세우기조차 점점 어려워진다.

결혼자금이나 내 집 마련, 자녀교육비나 노후설계 등 살면서 반드시 준비해야 하는 돈을 월급만으로 완벽하게 마련하기는 어렵다. 결혼을 해서 맞벌이를 해도 마찬가지다. 이런 미래의 목표들을 위해 체계적인 계획을 세워 저축을 하는 것은, 특별한 소수를 제외하고는 그다지 즐거운 일이 아니다. 어찌 보면 의무이자 책임이므로, 재미보다는 스트레스를 받기 쉽다.

그렇지만 자신이나 가족의 즐거움을 위해 따로 준비하고 관리하는 별도의 통장을 만들어, 소액이지만 매달 일정한 금액을 저축하고 그 범위 내에서 부담없이 마음껏 사용할 수 있다면 이야기는 달라진다. 매달 일정 금액을 쪼개 저축하면서 자신이나 가족을 위한 즐거운 상상을 하는 것만으로도 생활에 활력소가 된다.

우리는 대개 휴가날짜가 다가오면 흥분지수가 올라간다. 직장생활이 아무리 짜증나고 상사가 피곤하게 굴어도 마음이 넉넉해져서 화도 잘 안 난다. 여가전용 통장을 만들면 이런 즐거움을 평생 만끽할 수 있다. 수입을 고려해 매달 10~20만 원 선에서 자신과 가족의 즐거움을 위해 투자하자. 여행이나 여가생활비까지 신용카드를 쓴다면, 그 행복한 추억은 얼마 후 카드청구서를 받아들면서 이내 사라지고 만다. 이 통장에 쌓인 돈의 범위 내에서 여가활동 계획을 세우고 지출하는 습관을 들이면, 나와 가족을 위한 특별한 보너스를 받는 기분이 들 것이다.

이 통장을 사용하는 것이 습관이 되면, 설사 여행을 떠나지 못해도 미래의 즐거움에 대한 기대 때문에 팍팍한 일상에도 조금은 숨통이 트일 것이다. 여행이란 원래 가기 전에 더 설레고 들뜨지 않는가. 그 통장에 쌓이는 돈은 그냥 돈이 아니다. 즐거움과 설렘이 쌓여가는 것이다.

경남 씨도 다른 재무목표에 대해 상담할 때는 얼굴에 수심이 가득했지만 '평생 여가전용 통장'에 대해 이야기할 때는 눈빛부터 달랐다. 15년 후 30억 자산가가 되었을 때 하고 싶은 것에 대해 써보라고 했을 때처럼, 그는 기대에 부풀어 있었다.

재테크에도 당근과 채찍이 필요하다. 무조건 아끼고 모으자고 허리띠를 졸라맬 게 아니라, 그 과정 속에 잠시 쉬어갈 수 있는 쉼표 혹은 나무그늘이 될 만한 장치가 필요하다. 매달 돈이 모이면서 행복과 즐거움도 함께 쌓인다면 이만큼 알찬 복리통장이 또 어디에 있겠는가.

놀라지 마라
내 푼돈이 남의 로또보다 크다
...

푼돈 따위에 신경쓰다가 언제 큰돈 만져보겠냐고?
재테크는 너무 복잡해서 머리만 아프다고?
이런 생각으로 한푼 두푼 소홀히 하면 평생 목돈은 구경도 못한다.
푼돈도 부자처럼 관리하고 투자하자.

Chapter 6

싱글의 목돈보다
커플의 푼돈이 먼저!

WAM : 푼돈도 부자처럼 투자하라

지금부터 소개할 재테크 이야기는 이제 막 돈관리에 눈뜬 2535 독자들을 위해 그동안 상담과 강연에서 가장 많이 받은 질문을 선별해 그 답을 정리한 것입니다. 하루에도 몇십 개씩 쏟아지는 금융상품의 홍수 속에서 허우적대다 지레 포기하거나 현혹되지 않도록 꼭 필요한 금융상품만 추려서 장단점을 잘 활용할 수 있는 방법을 제안했습니다. 이것만이라도 제대로 꼭꼭 씹어서 내 것으로 만들면 푼돈이 목돈이 되고 목돈이 부자 되는 종잣돈이 될 것입니다.

입출금통장에 든 푼돈까지 신경써야 하나요?

푼돈 우습게 알면 평생 돈걱정하며 살게 됩니다

"푼돈에 집착하면 돈이 더 안 모일 것 같아요."

"몇천 원 아끼겠다고 뭐 그렇게까지 할 필요 있습니까?"

강연을 하다 보면 꼭 이렇게 반문하는 분들이 있다. 이런 사람들을 개인적으로 상담해보면, 지금 자신의 상황을 냉정하게 평가하고 차근차근 개선해나갈 밑그림부터 그려달라고 하지 않고, 당장 돈을 불릴 수 있는 방법을 콕 짚어서 알려달라고 한다. 푼돈은 푼돈처럼 쓰는 게 당연하다고 생각하고, 목돈은 부자처럼 불리고 싶어 한다. 이런 고객들은 보통 일시적인 상담으로 끝난다. 지속적으로 돈관리를 하면서 부자 되는 연습을 하려고 하지 않기 때문이다.

그런데 부자들의 공통점 중 하나는 단돈 몇천 원도 우습게 여기지 않는다는 것이다. 푼돈을 소홀히 하지 않는 습관이 부자 되는 첫걸음이라는 건 누구나 다 알지만, 정작 누구보다 푼돈을 소중하게 생각해야 할 이들이 가장 푼돈을 무시한다.

지금 은행이나 증권사에서 권하는 대로 별생각 없이 만들어놓고 서랍 속에 아무렇게나 넣어둔 입출금통장이 몇 개나 있는지, 그리고 그 통장에 잔고가 있는지부터 살펴보자. 재테크의 시작은 푼돈을 푼돈으로 보지 않고, 입출금통장부터 제대로 점검하고 관리하는 것이다.

은행 입출금통장, 금리보다 수수료 무료 혜택 주는 게 낫다

입출금통장은 크게 은행에서 출시하는 것과 증권사나 종금사에서 만든 CMA(어음관리계좌)로 구분할 수 있다. 상품의 기능은 대동소이하지만 각각 혜택이 다르므로 꼼꼼히 살펴 자신에게 유리한 상품을 골라야 한다. 최근에는 입출금통장 고객 확보 경쟁이 치열해져 금융사마다 다양한 혜택이 있는 상품들을 출시했고, 이용도 상당히 편리해졌다. 이제는 통장마다 혜택이 천차만별이므로 나에게 딱 맞는 통장을 골라 잘 이용하면 푼돈도 목돈으로 만들 수 있다.

일반적으로 은행은 급여이체나 자동이체 등의 실적에 따라 금리 혜택을 준다. 하지만 증권사나 종금사는 기본적으로 금리 혜택은 조건없이 주고, 급여이체나 펀드이체 등의 실적에 따라 그들이 은행에 비해 상대적으로 취약한 자동화기기 이용이나 송금이체 등에 대한 수수료 무료 혜택을 준다.

입출금통장을 이용할 때 가장 신경써야 하는 것은 금리와 수수료 무료 혜택이다. 금리는 당연히 높을수록 유리하다. 그런데 수수료 무료 혜택이 금리보다 더 효과적일 수도 있다. 우리가 별생각 없이 다른 은행의 입출금기에서 돈을 뽑으면 1,300원 내외의 수수료를 내야 한다. 인터넷뱅킹으로 거래은행이 아닌 다른 은행에 송금해도 500원 내외의 수수료가 나간다.

이렇게 한 달에 열 번 정도는 다른 은행의 입출금기에서 돈을 뽑거나 다른 은행으로 송금을 한다고 가정하면, 한 달에 수수료로만 1만 8천 원을 지출하게 된다. 무심코 낭비한 1만 8천 원은 당신이 54만 원을 이자율 연 4퍼센트짜리 예금에 1년이나 맡겨야 세금을 제하고 받을 수 있는 돈이다. 결코 우습게 여길 액수가 아니다.

은행의 예금은 원금과 이자를 합해 5천만 원까지 예금자보호가 되므로 원금 손실에 대해서는 크게 신경쓸 필요가 없다. 다만 예치기간에 따라 이자율 차이가 크므로 이를 꼼꼼히 살펴야 한다.

한국스탠다드차타드은행의 '두드림통장'은 예치기간이 31일 이상일 때는 연 3.33퍼센트의 이자를 주지만, 31일 미만일 경우에는 이자율이 연 0.01퍼센트다. 한국시티은행의 '참 똑똑한 A+통장'도 31일 이상일 때는 마찬가지로 연 3.33퍼센트의 이자를 주지만, 31일 미만일 경우에는 이자율이 연 0.1퍼센트다.

반면 요즘 소매금융업에 뛰어들어 적극적으로 마케팅을 하고 있는 KDB산업은행의 'KDB다이렉트통장'은 예치기간에 관계없이 연 3.5퍼센트의 이자를 준다.

예치금액으로 살펴보면, KB국민은행의 '스타트통장'은 100만 원 이하는 연 4퍼센트의 이자를 주지만, 100만 원 이상은 이자율이 연 0.1퍼센트다. 한국스탠다드차타드은행의 '직장인통장'은 급여이체를 설정하면 100만 원 이하에 대해서는 연 4.1퍼센트의 이자를 주지만, 100만 원 초과분에는 연 0.1퍼센트의 이자만 준다. 반면 위에 언급한 'KDB다이렉트통장'은 예치금액에 제한없이 연 3.5퍼센트의 이자를 준다.

수수료 무료 혜택도 눈여겨봐야 한다. 대부분의 입출금통장이 급여이체나 자동이체 등 은행에서 요구하는 조건 중 한두 가지만 충족하면 수수료 무료 혜택을 주고 있다.

한국스탠다드차타드은행의 '두드림2U통장'의 경우 31일 미만은 연 0.01퍼센트, 31~180일까지는 연 4.10퍼센트, 181일 이상은 연 3.30퍼센트의 이자를 준다. 따라서 31일 이상 예치했을 때 연 3.33퍼센트의 이자를 주는 '두드림통장'보다 이자조건이 더 좋다. 하지만 '두드림통장'이 무제한 수수료 면제 혜택을 주는 데 비해 '두드림2U통장'은 수수료 면제 혜택이 없으므로, 자동화기기에서 현금을 빈번하게 찾거나 이체를 많이 하는 경우 이 부분에 더 유의해야 한다.

🧠 CMA, 이자보다 서비스 혜택을 눈여겨보라

CMA는 동양증권 같은 '증권사'나 금호종합금융 같은 '종금사'에서 취급하는 상품이다. 예전에는 자동이체 출금이 잘 안 되는 항목도 있고 CMA계좌로는 직접 송금이 안 되었기 때문에 제휴은행의 가상계좌를 이용해 돈을 보내야 했지만, 지금은 이런 불편이 대부분 해소되었다.

CMA를 이용할 때는 주로 예금자보호와 이자율 그리고 부가적인 혜택과 이용편의 부분을 살펴야 한다.

예금자보호가 되는 CMA는 종합금융 업무를 하는 금호종합금융과 메리츠종합금융에서 취급한다. 동양증권의 경우 최근 종합금융 업무 인가가 종료되어 더 이상 취급하지 않지만, '예수금' 상품을 이용하면 2012년 5월 현재 연 3퍼센트를 예탁금 이용료로 지급받으면서 예금자보호도 받을 수 있다.

CMA는 보통 다양한 금융상품(CD, CP, RP, 채권 등)에 투자해서 얻은 수익으로 고객들에게 이자를 준다.

동양증권의 CMA-MMW처럼 돈을 맡긴 기간에 관계없이 연 3.4퍼센트(2012년 5월 현재)의 수익을 일괄적으로 주는 CMA상품이 있는가 하면, 금호종합금융의 'e-plus CMA'처럼 1일 연 3.4퍼센트에서 시작해

270~365일에는 연 4.1퍼센트로 예치기간에 따라 이자를 많이 주는 상품도 있다(예치기간에 따라 이자를 더 주면서 예금자보호도 되는 상품은 금호종합금융과 메리츠종합금융만 취급한다).

가끔 세부적인 기능이 조금씩 다른 CMA-MMW, CMA-RP, CMA-MMF 등의 명칭 때문에 상품을 선택할 때 어려워하는 경우가 있는데, 모든 상품이 안전한 금융상품에 투자해 얻은 이익을 배분하고 수익률도 대동소이하므로 수익률이 조금이라도 더 높은 상품을 고르면 된다.

하지만 부가혜택에는 관심을 가질 필요가 있다. 금융회사마다 CMA의 경쟁력을 높이기 위해 다양한 부가혜택을 제공한다. 미래에셋증권 CMA는 플러스팩이라는 서비스로 '공과금 자동이체 월 1건 이상' 등의 일정한 조건을 충족하면 세 가지 서비스 중 한 가지를 택할 수 있다. '자동화기기 출금 수수료 면제' 또는 '100만 원 이하의 금액만 CMA-RP 수익률 연 3.2퍼센트에 2퍼센트의 초과수익을 더 주는 서비스(2012년 5월 현재)' 또는 '한도금액은 늘리는 대신 초과수익률 혜택은 낮춰 300만 원 이하의 금액만 CMA-RP 수익률 3.2퍼센트에 1퍼센트 초과수익을 더 주는 서비스' 중 자신에게 제일 잘 맞는 서비스 한 가지를 선택해서 이용할 수 있다. 다만, 매달 서비스 대상자를 선정해 한 달 조건으로 서비스 혜택을 제공하므로 달마다 원하는 기준을 맞춰야 한다.

삼성증권 CMA는 '캐시리워드 서비스'를 눈여겨볼 만하다. '매달 공과금 자동이체 1건 이상' 등의 기본적인 거래조건을 충족하면, 펀드 매수 금액의 0.5퍼센트를 최대 월 3만 원까지, 온라인 주식거래 수수료의

10퍼센트를 최대 월 3만 원까지 현금으로 CMA에 자동입금해주는 현금보상 서비스로, 주식과 펀드투자를 많이 하는 경우에는 이용할 만하다.

그런데 부가혜택은 회사의 정책에 따라 중단 또는 변경될 수 있으니, 가입하기 전 홈페이지에 들어가서 미리 확인하거나 콜센터에 전화를 걸어 문의해보는 것이 좋다.

이용의 편리성도 생각해야 하는데, 금호종합금융 CMA는 예금자보호도 되고 이자도 많이 주지만 영업점이 전국에 서울 강북, 서울 강남, 광주와 목포 등 네 곳밖에 없다. 만약 부산에 거주하고 있다면, 아무리 이자를 많이 주더라도 시간과 비용을 고려하면 오히려 손해일 수 있다. 반면 신한은행이나 외환은행 같은 시중은행들은 영업점이 많아 찾아가기는 쉽지만 이자율이 만족스럽지 않다. 각각의 입출금통장마다 예치기간, 이자율 우대 금액 한도, 부가혜택 및 거래의 편리성 등을 살펴보면 장점과 단점이 다 있다. 단점을 따져보고 자신에게 맞는 것을 제대로 골라서 장점을 최대한 잘 이용하면 된다.

❀ 입출금통장, 용도별로 두 개는 있어야 한다

입출금통장에는 마땅한 투자처를 찾지 못해 잠시 대기하는 돈, 비상예비자금, 생활비 또는 용돈 이외의 돈은 넣어둘 필요가 없다. 입출금통장의 이율이 아무리 높아도 대부분 정기예금의 이율만은 못하다.

그리고 예치기간이나 이자율 우대 한도 금액 등의 조건을 볼 때, 입출금통장을 하나만 이용하면 금융회사마다 다른 혜택을 효과적으로 이용할 수 없다. 게다가 대부분 먼저 들어간 돈이 먼저 나오는 '선입선출법'을 적용하기 때문에, 예치기간에 따라 이자율이 달라지는 통장도 많은 이자를 받을 수 없다. 따라서 용도에 따라 두세 개 만들어놓고 제일 유리한 통장을 사용하는 것이 좋다.

비상금같이 긴급한 경우를 제외하고는, 사용하지 않는 돈은 한국스탠다드차타드은행의 '두드림2U통장'에 넣어두면 이자를 조금이라도 더 챙길 수 있다.

생활비나 용돈처럼 한 달 안에 대부분 빠져나가는 돈은, 100만 원 이하에 한해 연 4.1퍼센트의 이자를 주는 한국스탠다드차타드은행의 '직장인통장'을 이용하면 된다. 펀드나 주식투자를 많이 하면 삼성증권의 'CMA+통장'을 개설해 캐시리워드 서비스를 제공받음으로써 CMA 수익에 더해 초과수익을 노려볼 만하다.

CMA의 높은 수익과 예금자보호, 투자나 접근의 편리성을 복합적으로 고려한다면 영업점이 많고 투자상품을 다양하게 취급하는 동양증권의 CMA를 이용하는 것도 방법이다.

즉, 목적에 따라 유리한 입출금통장을 두세 개 만들어 효과적으로 사용하면 된다. 금융회사들은 우리에게 이런 내용을 항상 친절하게 먼저 알려주거나 챙겨주지 않는다. 가뜩이나 내가 찾아간 금융회사의 상품이 똘똘치 못하면 더욱 그렇다.

우리가 발품을 파는 만큼 금융회사에게 이용당하지 않고 똑똑하게 푼돈을 모아 목돈을 만들 수 있다.

● 주거래은행이 알려주지 않는 진실

1. 은행의 주거래고객이 되려면 주로 앉아서 일을 처리해야 한다. 입출금창구가 아닌 상담창구를 자주 이용해야 주거래고객으로 대우받을 수 있다.
2. 입출금통장은 예금자보호에 너무 신경쓸 필요가 없다. 예금자보호에 신경쓸 정도의 돈이면 절대 입출금통장에 두어서는 안 된다.
3. 금융회사와 거래할 때는 벽에 걸린 현수막이나 광고문구에 현혹되지 말아야 한다. 항상 작은 글씨까지 꼼꼼히 읽어야 상품의 진실을 알 수 있다.

예금과 적금, 이자 많이 주는 게 최고 아닌가요?

세금부터 따져보고, 복리라는 말에 현혹되지 마세요

"예금과 적금의 차이가 뭐죠?"
"복리상품이 단리상품보다 당연히 이자가 더 많이 붙잖아요."

저축을 할 때 이용하는 가장 기본적인 금융상품은 예금과 적금이다. 아무리 재테크 문외한이라도 적금 한 번 가입해보지 않은 사람은 없을 것이다. 하지만 예금과 적금의 차이를 정확히 알고 적금의 이자율 적용 방식을 꼼꼼하게 따져본 사람은 많지 않다.

예금이나 적금 상품을 선택할 때 가장 주의깊게 챙겨야 할 것은 이자율과 세금이다. 당연히 이자율은 높으면 높을수록 좋고, 세금은 안 내거나 적게 내는 게 최선이다.

하지만 금융회사들이 이자를 무조건 많이 주지도 않고 정부도 조건 없이 세금을 면제해주지는 않는다. 스스로 발품을 팔아 이자를 조금이라도 더 주는 금융회사를 찾아보고, 세금도 합법적으로 적게 낼 수 있는 방법을 알아봐야 조금이라도 더 많은 이자소득을 챙길 수 있다. 푼돈이라고 우습게 여길 수도 있지만, 큰 성공은 항상 작은 성공이 반복돼야 이루어지는 법이다.

우리가 흔히 이용하는 자본력 튼튼하고 어디서든지 쉽게 찾을 수 있는 시중은행들은 이자율이 가장 낮은 편이다. 돈을 떼일 위험이 없는 만큼 이자를 많이 못 받는다고 생각하면 된다.

반면 영업점이 많지 않아 찾아가기 힘들고 영업정지 사태로 홍역을 앓고 있는 저축은행들은 시중은행보다 덜 안전하고 이용이 불편한 만큼 이자를 조금 더 준다. 저축은행은 2011년 영업정지 사태 이전까지만 해도 적금은 연 2~3퍼센트, 예금은 연 1~2퍼센트를 더 챙겨줘서 재테크에 관심있는 사람들이 많이 이용했다. 하지만 지금은 시중은행과의 금리 차이도 확연히 줄었고 언제 영업정지를 당할지 모른다는 불안감 때문에 저축은행을 찾는 이가 많이 줄었다.

적금과 예금, 이자소득보다 세금을 먼저 따져라

이자소득에 대해서는 일반적으로 15.4퍼센트의 세금을 뗀다. 예금이나 적금에 가입해서 만기에 10만 원의 이자가 붙으면 15.4퍼센트, 즉 15,400원을 떼고 84,600원만 준다. 물론 모든 예금과 적금의 세율이 일반과세인 15.4퍼센트는 아니다. 농협·수협의 단위조합이나 신협·새마을금고를 이용하면 합산해서 1인당 3천만 원까지는 이자소득에 대해 1.4퍼센트의 세금만 내면 된다.

세금우대 혜택도 알아둬야 한다. 전 금융회사를 통틀어서 1인당 1천만 원까지는 이자소득에 대해 9.5퍼센트의 세금만 내면 된다. 가령, KB국민은행에서 1천만 원에 대해 세금우대 혜택을 받았으면, 현대스위스저축은행 등 다른 금융회사에서는 세금우대 혜택을 받지 못한다.

0.1퍼센트라도 이자를 더 챙기려면 금리가 높은 곳을 찾아보는 동시에 이자소득세에 대한 우대 혜택도 잘 챙겨야 한다. 돈을 맡길 금융회사의 안전성 여부도 따져봐야 한다. 이런 것들을 종합적으로 알아본 다음 가장 유리한 금융회사를 이용하면 된다. 정답이 항상 정해져 있는 것은 아니다. 시기마다 약간씩 차이가 있기 때문에 예금이나 적금에 가입하려고 하는 바로 그 시점에 제일 유리한 금융회사를 선택해서 이용해야 한다. 적금보다는 예금이 이런 조건에 따라 이자소득 차이가 많이 나므로 특히 잘 챙겨야 한다.

예금이나 적금 상품에 가입하기 전에 먼저 MONETA(www.moneta.

co.kr) 같은 재테크 사이트를 이용하면 최고금리를 제공하는 곳을 손쉽게 찾아볼 수 있다.

그렇게 확인을 했더니 이자를 제일 많이 주는 곳이 현대스위스저축은행 같은 상호저축은행이라면, 금리만 높다고 덜컥 가입을 결정해서는 안 된다. 혹시 나중에 영업정지를 당하게 되면 불편한 일을 겪을 수 있다. 원금과 이자를 합해 5천만 원 이하라면 떼일 염려는 없지만, 본인의 의사와 상관없이 오랫동안 돈이 묶여 있게 될지도 모른다.

현대스위스저축은행의 홈페이지에 들어가서 경영공시를 확인함으로써 안정성 여부를 점검해야 한다. 세세히 다 살펴보기는 어렵겠지만, 최소한 BIS(국제결제은행) 기준 자기자본비율이나 고정이하여신비율만이라도 확인해봐야 한다. BIS비율은 8퍼센트보다 높으면 높을수록 안전하고, 고정이하여신비율은 8퍼센트보다 낮으면 낮을수록 안전하다. 요즘처럼 저축은행들이 영업정지를 많이 당하는 상황에서는 기준을 조금 더 높게 잡을 필요가 있다.

2012년 5월 현재 시중은행인 우리은행의 1년 만기 '오렌지정기예금'의 이자율은 연 3.84퍼센트, 저축은행 중 경영지표가 상대적으로 양호하다고 판단되는 동부저축은행(2011년 12월 말 BIS 기준 자기자본비율 12.08%, 고정이하여신비율 3.92%)은 연 4.50퍼센트, 서민금융기관인 화곡신협은 연 4.50퍼센트다.

위 각각의 금융회사에 3천만 원을 1년 만기 정기예금에 넣는다고 가정해보자. 우리은행과 동부저축은행은 1천만 원은 세금우대를, 2천만 원은 일반과세를 적용받고, 화곡신협은 3천만 원에 대해 저율과세를 적용받을 수 있다. 이자율과 세금혜택을 비교한 후 각각의 세후수령액을 비교해보자.

구분	우리은행		동부저축은행		화곡신협
세전수익률	연 3.84%		연 4.50%		연 4.50%
저축금액	2,000만 원	1,000만 원	2,000만 원	1,000만 원	3,000만 원
세금	15.4%	9.5%	15.4%	9.5%	1.4%
세후수령액	30,997,248원		31,168,650원		31,331,100원

위 표를 보면 3천만 원을 어느 금융회사에 맡기느냐에 따라 1년간 최대 333,852원이라는 적지 않은 이자소득 차이가 발생한다. 안전하다고만 해서 능사가 아니다. 저축은행이나 신협도 시중은행처럼 원금과 이자를 합쳐 5천만 원까지는 예금자보호를 해준다.

한 가지 더 유의할 것이 있다. 시중은행은 이자율이 대체로 낮고 안정적이지만 저축은행이나 신협은 세금을 제하고 난 이자소득이 가입 시점에 따라 크게 달라질 수도 있다. 앞에서 언급했듯이, 예금이나 적금을 가입하는 시점에서 이런 비교를 통해 가장 유리한 상품을 고르는 습관을 의도적으로 들여야 한다.

저축은행, 안전하고 실속있게 이용하는 법

2011년 하반기부터 시작된 저축은행의 영업정지 사태 때문에 많은 사람이 큰 피해를 봤다. 설사 돈은 떼이지 않았더라도 마음고생이 심했고, 예금을 찾기까지 몇 번씩이나 번거롭게 저축은행을 방문해야 했다. 당시 나는 '네이버 지식iN' 활동을 하면서 저축은행의 영업정지와 관련해서 예금자들의 질문에 답변을 해드렸다. 아무리 예금자보호가 된다고 해도, 막상 그런 일을 당하면 돈을 돌려받을 때까지 계속 불안하고, 예금보호공사나 뉴스에서 보도한 내용과 자신의 케이스가 일치하지 않아 자신에게 맞는 답을 찾기 위해서 이곳저곳에 문의를 해야 했다.

하지만 위험하다고 무조건 회피하기보다는 위험을 알고 관리하면서 수익을 좀더 많이 올리려는 노력을 해야 한다.

앞에 비교한 우리은행과 동부저축은행의 1년 만기 정기예금의 이자소득 차이는 171,402원이다. 저축은행에 별일이 생기지 않는다면 적지 않은 차이다. 우리가 저축은행을 잘만 이용하면 요즘 같은 저금리시대에 조금이라도 이자를 더 챙길 수 있다. 모든 금융상품이 다 마찬가지다. 안전한 것만 찾으면 저금리시대에 절대 돈을 불리지 못할뿐더러, 화폐가치가 떨어져 명목금액은 늘어나도 구매력은 쪼그라들 수 있다.

물론 아무리 이자를 많이 준다고 해도, 저축은행을 이용할 때는 반드시 다음과 같은 점들을 유의해야 한다.

첫째, 앞에서 언급한 저축은행의 안전성지표인 BIS 자기자본비율과 고정이하여신비율이 나쁘면 돈을 맡겨서는 안 된다. 남들보다 금리를 많이 줄 때는 그만한 이유가 있는 것은 아닌지 의심해보자. 적금이나 예금이 만기된 후 재예치할 때도 다시 한 번 안전성지표를 확인하고 지표가 좋을 때만 다시 맡겨야 한다. 저축은행들은 자산규모가 크지 않기 때문에, 부실이 발생하면 1년 안에도 지표가 크게 변동할 수 있다. 경영공시는 해당 저축은행 홈페이지나 저축은행중앙회 홈페이지(www.fsb.or.kr)에서 쉽게 확인할 수 있다.

둘째, 원금과 이자를 합친 금액이 예금자보호 한도인 5천만 원을 절대 넘지 않아야 한다. 저축은행이 파산하면 5천만 원 이상의 돈은 거의 찾을 수 없다. 최근 신문보도를 보면, 저축은행에 5천만 원 이상 예금한 사람이 10만 명을 넘어섰다는데, 상식적으로 이해할 수가 없다. 2011년 영업정지를 당한 후 결국 다른 금융회사에 인수당한 부산저축은행이나 제일저축은행은 저축은행 중에서도 자산규모가 상당히 큰 편이었다. 하지만 다른 금융회사에서 영업정지당한 저축은행을 인수할 때는 대부분 1인당 5천만 원 이상의 예금에 대해서는 인수하지 않는다. 결국 그 돈은 거의 못 찾게 된다.

셋째, 만기 후 바로 써야 할 정도로 시간적인 여유가 없는 돈은 저축은행에 맡기지 말고, 정 이용하려면 2천만 원 이하만 예금하는 것이 좋다. 보통 영업정지를 당하면 3~4일 내에 2천만 원까지는 가지급금으로 지급하고, 나머지 원금과 이자는 저축은행에 대한 처리가 결정된 이후 정해진 기준에 따라 돌려주게 된다. 통상적으로 향후 해결방안이 마련되어 원금과 이자를 돌려받기까지는 보통 3~6개월의 오랜 시간이 걸리는 점을 감안해야 한다.

마지막으로, 영업정지를 당한 저축은행의 처리결과에 따라 이자를 지급받는 방식이 달라진다. 영업정지 후 45일 이내에 경영정상화가 되면 처음에 약정한 이자를 받을 수 있다. 최악의 경우 파산하더라도 예금보험공사에서 연 2.49퍼센트(2012년 5월 기준)의 이자는 받을 수 있다. 다른 금융회사가 해당 저축은행을 인수할 때는 보통 원금과 이자를 합해 1인당 5천만 원 이하의 예금만 인수하는데, 이때도 처음 가입할 때 약정한 이자를 받을 수 있다. 따라서 원금과 이자를 합해 5천만 원 이하라면 돈을 맡긴 저축은행이 갑자기 영업정지가 예상된다는 뉴스가 나오더라도 놀란 마음에 급하게 돈을 찾지 말아야 한다. 중간에 해지하면 연 1퍼센트 정도의 중도해지 이율이 적용되므로 무조건 손해다.

❀ '복리' 라는 말에도 함정이 있다

복리라고 하면 이자가 많이 붙어 돈이 쑥쑥 늘어날 것 같은 착각을 하게 된다. 요즘 금융회사마다 그 틈을 노려 복리마케팅에 혈안이 되어 있다. 3년 만기든 5년 만기든 복리상품에 가입하면 돈이 눈덩어리 굴러가듯 크게 불어날 것처럼 홍보한다. 하지만 실제로는 3년이나 5년 만기의 적금상품으로는 복리라도 생각처럼 돈이 쑥쑥 불어나지 않는다.

2012년 5월 현재 신한은행의 3년 만기 월복리적금의 이자율은 연 4.5퍼센트다. 매달 10만 원씩 3년 동안 적금을 부으면, 3년 후 원금 360만 원에 세금 15.4퍼센트를 제하고 220,679원의 이자를 받는다. 참고로, 단리로 같은 4.5퍼센트라면 211,288원의 이자를 받는다. 세후이자 차이는 불과 9,391원이다.

동부저축은행의 3년 만기 정기적금의 이자율은 연 5.3퍼센트다. 단리를 적용하고 있지만 248,851원의 이자가 붙는다. 신한은행의 월복리적금보다 28,172원 많다. 같은 이자율이라면 복리상품이 단리상품보다 이자가 더 많지만, 이자율이 더 높은 단리적금을 찾으면 복리적금보다 이자를 더 많이 챙길 수 있다. 복리라고 해서 무조건 능사는 아니다.

신한은행의 월복리적금은 가입기간이 3년이다. 고시금리는 연 4.5퍼센트인데 단리를 기준으로 할 때 연 4.7퍼센트 수준이며 고정금리다. 만일 3년 동안 적금금리가 현재보다 떨어지면 월복리적금이 유리할 수 있다. 하지만 3년 동안 적금금리가 상승하면 별다른 이점이 없다. 지금은 세계 경제위기의 여파로 금리를 인위적으로 억제하고 있지만, 앞으로 금리를 잡고 있는 장애요인이 제거되면 금리가 오를 가능성이 높다. 그때는 월복리적금의 금리 연 4.5퍼센트는 별 메리트가 없다. 금리가 많이 올라 갈아타려고 중도해지라도 하게 되면 처음 약정한 이자율이 아니라, 0.1~2퍼센트의 중도해지 이자율이 적용된다. 가입한 지 얼마 되지 않았다면 모르겠지만, 1~2년이 지난 후에는 금리가 아무리 오르더라도 만기까지 채우는 게 더 유리할 수 있다.

어쨌든 3년 정도로는 복리의 메리트를 얻을 수 없다. 맨해튼을 판 인디언 이야기에 등장하는 복리의 효과가 제대로 발휘되려면 최소 15~20년은 장기적으로 원금과 이자 전부를 저축해야 한다. 그러니 복리상품이면 무조건 좋다고 생각하지 말고 단리상품과도 꼼꼼히 비교해봐야 한다.

> ● 원금사수형 투자자도 이 정도는 안다
>
> 1. 적금금리보다는 예금금리에 민감해야 한다. 1인당 1천만 원의 세금우대를 신청할 때도 적금보다는 예금에 먼저 적용하라.
> 2. 예금이나 적금 상품을 선택할 때 복리라는 말만 듣고 혹하지 마라. 이자를 더 많이 받을 수 있는 단리상품도 수두룩하다.
> 3. 금리 0.1퍼센트를 더 챙기기보다 절세를 먼저 생각하라. 세후이자를 비교해본 후에 상품을 선택하는 습관을 들이자.

보험, 믿을 수 있는 사람한테 드는 게 제일 아닌가요?

믿을 만한 보험인지 아닌지는 스스로 판단해야 합니다

"보험은 안 들자니 불안하고, 들자니 속는 것 같아요."
"주변에서 보험 잘 들었다는 사람 좀 만나봤으면 좋겠습니다."

매달 부담없는 돈으로 목돈이 필요한 위험에 대비하는 것이 보험이다. 누구에게나 언제든 찾아올 수 있는 불행을 재정적으로라도 대비할 수 있는 가장 적합한 금융상품은 보장성보험이다. 반드시 필요한 상품이지만, 제대로 알고 효과적으로 가입한 사람은 의외로 많지 않다. 내용도 복잡하고 특약이 많아지면서 반드시 필요한 항목과 없어도 되는 항목을 구분해내기가 어려워, 대개는 보험설계사가 권유하는 대로 가입하게 된다. 보장 내용보다는 보험료의 수준으로 가입을 결정하는 것도 보험을 잘못 들게 되는 이유 중 하나다.

보험에 잘못 가입하면 돈이 새는 것은 물론, 비싼 보험료를 내고도 막상 불행한 일이 닥쳤을 때 보상을 제대로 받지 못할 수도 있다. 보험에 대해서는 따로 책을 한 권 써도 될 정도로 많은 정보가 있지만, 이제 막 재테크를 시작하는 이들에게는 아래 여섯 가지 원칙이면 충분하다. 가입하지 않으면 불안하고, 가입해도 뭔가 미심쩍은 보험. 이번 기회에 제대로 가입하고, 올바르게 리모델링해보자.

첫째, 과보장도 문제지만 없거나 부족한 것도 문제다

가장 큰 문제는, 너무 많이 가입해서 쓸데없이 돈이 새는 경우와 아예 가입하지 않아 위험에 노출되어 있는 경우다. 보험은 반드시 발생할 위험이 아닌 만일의 경우를 대비하는 목적이므로, 꼭 필요한 보장 항목만 추려서 최소비용으로 가입하고, 그 외의 돈은 수익률 높은 금융상품에 저축이나 투자를 하는 것이 현명하다.

미혼인 경우에는 경제적 가장이 아닌 이상 사망보장은 별로 의미가 없다. 실손의료비를 위주로 암 같은 성인병과 상해 등을 포함해서 기본적인 보장만 하면 된다. 보험은 정작 건강상에 문제가 생기면 가입이 거절되거나 보장 내용에 제약이 생기므로 반드시 건강할 때 꼭 필요한 보장 위주로 가입해야 한다. 100세 만기 20년납을 기준으로, 여성의 경우 월 5~7만 원, 남성의 경우 월 7~9만 원이면 충분하다(나이나 특약 구성에 따라 보험료가 달라진다).

현재 경제적으로 어렵다면 실손의료보험만 가입했다가 상황이 개선되었을 때 필요한 보험으로 갈아타는 것도 방법이다. 이럴 경우에는 월 2~3만 원이면 적절하다.

결혼을 해서 가정을 꾸리면 사망보장도 염두에 두어야 한다. 이때 보험료가 비싼 종신보험이나 CI보험보다는 정기보험에 가입하면 보험료를 줄일 수 있다. 30세 남성이 자녀가 독립하는 60세까지 정기보험으로 1억 원을 보장받는다면 월 3만 원 내외면 충분하다. 결혼한 부부는 손해보험회사의 실손통합보험을 이용하면 보험료를 더 줄일 수 있다. 나중에 자녀가 생기면 어린이보험에 따로 가입하는 것보다 통합보험에 저렴한 비용으로 추가할 수도 있다.

둘째, 보장기간이 너무 짧으면 당장 갈아타라

30대 여성 중 10년 또는 20년 만기, 즉 10년간 또는 20년간만 보장되는 암보험이나 건강보험에 가입한 이들이 있다. 이 경우에는 두 가지 문제가 있다. 하나는 암보험이나 건강보험이 이미 있기 때문에 더 이상 보험이 필요없다고 생각해서 다른 보험에 가입하지 않았다가 병력이 생기면 만기 후에 더 이상 보험 가입이 안 된다는 것이다. 또 하나는 여성은 50세 이전보다는 50세 이후에 암이나 성인병에 걸릴 확률이 높다는 것이다. 그런데 50세 이후에 보험이 만기돼 새로운 보험에 가입하려고 하면 보험료도 올라간다. 따라서 만기가 너무 짧은 보험에 가입해 있다면, 지금 당장 정리하고 보장기간을 충분히 고려해서 새로 가입해야 한다.

셋째, 80세 만기 실손의료보험을 100세 만기로 갈아탈 필요는 없다

'100세시대'가 강조되다 보니 80세 만기 상품에 가입한 사람들이 불안해한다. 보험회사는 100세 만기 상품을 내놓고, 80세 만기 상품 가입자들을 설득해서 해약시키고 100세 만기로 갈아타라고 부추긴다. 하지만 그럴 필요 없다.

보통 실손보험에 특약으로 가입되어 있는 암진단비는 2천만 원 정도다. 30세 여성이 가입했다가 80세에 암진단을 받는다고 하면, 연평균 물가상승률이 4퍼센트라고 가정했을 때, 앞으로 50년 후에는 현재 화폐가치로 약 281만 원이고, 70년 후에는 128만 원 정도밖에 안 된다. 그러니 갈아탈 이유가 전혀 없다.

게다가 갱신형인 실손의료비 특약은 3년마다 갱신해야 하기 때문에 연령 증가와 위험률에 따라 보험료가 오를 가능성이 높다. 즉, 어느 시점에 '내는 돈 대비 보험금으로 지급받는 금액'이 별 의미가 없어지면 실손의료비 특약은 포기해야 할지도 모른다. 가입한 보험의 보장 구성이 잘못되었거나 갈아탐으로써 보험료를 아낄 수 있는 상황이라면 모를까, 앞으로 50년 후의 위험 때문에 80세 만기 보험을 해약하고 100세 만기 보험에 다시 가입할 필요는 없다. 다만 새로 가입하는 경우에는 100세 만기로 하자.

넷째, 비갱신형으로 가입할 수 있는 특약은 반드시 비갱신형으로 가입하라

실손의료비 특약은 현재는 생명보험회사나 손해보험회사 어디에 가입해도 보장 내용이 같고 '3년 갱신형'이라는 조건도 같다. 이렇게 어쩔 수 없이 반드시 갱신형으로 가입해야 하는 특약을 제외하고는 비갱신형으로 가입해야 한다. 보험회사에서는 위험을 회피하려고 비갱신형보다는 갱신형 특약 상품을 만들기도 한다. 또 보험설계사들 중에는 보험료가 싸면서 보장을 많이 받는 매력적인 상품으로 보이기 위해 갱신형 특약 위주로 보험을 설계해서 가입을 권유하는 경우가 많다.

보험은 처음 가입할 때는 내가 주도권을 갖지만 갱신할 때는 보험회사가 주도권을 갖는다. 갱신 시점에서 보험료가 많이 오르면 내가 선택할 수 있는 것은 두 가지뿐이다. 부담을 감수하든지 아니면 해약하든지. 만일 건강상의 문제가 없어서 다른 보험에 가입할 수 있으면 갈아타면 되지만, 그 기간 동안 건강에 문제가 생겨 다른 보험에 가입하지 못한다면 울며 겨자 먹기로 비싼 보험료를 내고 보험을 유지할 수밖에 없다. 처음에는 인상폭이 적지만 갱신이 반복될수록 감당하기 어려울 정도로 커질 가능성이 높다.

다섯째, 해약환급금에 연연하면 비싼 대가를 치르게 된다

보장성보험은 저축이 아니라 비용이다. 해약환급금을 얼마나 받을 수 있느냐는 중요한 고려요소가 아니다. 게다가 해약환급금의 가치는 물가상승에 따른 화폐가치 하락으로 시간이 흐를수록 떨어진다. 보험설계사들이 젊어서는 보장을 받고 나이 들어서는 연금으로 전환해 노후자금으로 사용하라고 강조하는 것은 보장성보험 판매를 위한 판촉 멘트일 뿐이다. 연금으로 전환하는 것은 곧 보험을 해약하는 것이다. 더 이상 보장을 받을 수 없다. 또 납입기간 동안 낸 보험료의 원금 정도로는 노후에 푼돈밖에 안 된다.

보장성보험에 가입할 때도 자동차보험을 들 때와 같은 생각을 하면 된다. 자동차보험료로 연간 100만 원을 내고도 아무 일 없으면 그 돈을 돌려받지 못한다. 만약 자동차보험에 가입한 사람들이 해약환급금을 받고 싶어 한다면 보험회사에서는 연간 200만 원을 보험료로 받아서 1년 후에 100만 원을 돌려주면 되는 셈이다. 보험의 해약환급금은 바로 이런 이치다. 그러므로 해약환급금에 연연해서 비싼 보험료를 낼 필요가 없다. 차라리 그 차액을 수익률 높은 상품에 투자하는 것이 현명하다.

여섯째, 암보험은 따로 가입하지 말고 실손의료보험에 특약으로 가입하라

보장성보험료에는 사업비가 일정 금액 포함되어 있다. 여러 개의 보험에 가입했지만 하나의 보험에 가입한 것과 보장 내용이 비슷하다면, 여러 개를 가입했을 때 매달 지출하는 보험료가 더 비싸다. 실손의료보험에도 암특약이 있으므로, 따로 암보험에 들지 말고 그 특약을 이용하면 보험료가 줄어든다.

  암치료비에 대해서 지나치게 걱정하는 경향이 있는데, 국민건강보험에 가입되어 있다면 치료비가 생각보다 많이 나오지 않는다. 60세 이전에는 암에 걸릴 확률도 낮고, 또 입원해서 치료를 받게 되면 실손의료비 특약에서 자기부담금 200만 원만 내면 5천만 원까지는 치료비를 보상받을 수 있으므로(실제로 200만 원을 내는 것은 아니지만 처음 2000만 원의 10%에 대해서는 실손보험금이 나오지 않으니 마찬가지로 이해하면 된다), 암치료비에 대해 너무 걱정할 필요 없다.

암에 걸려 소득이 없어지거나 다른 부대비용이 발생해도 암진단비로 2천만 원 정도만 보장받으면 충분하다. 더 많은 암진단 자금을 받기 위해서는 더 많은 보험료를 내야 하는데 효율적이지 않다. 과거에는 생명보험회사의 보험상품에 실손의료비 특약이 없었기 때문에 암진단비를 높게 정해서 치료비와 부대비용을 해결했지만, 지금은 실손의료비 보장으로 대부분의 치료비가 해결되므로, 만일의 위험에 대비해 가입하는 보험에 너무 많은 돈을 지출할 필요가 없다.

● 보험으로 돈이 새는 것을 막는 방법

1. 커플이나 부부를 기준으로 보장성보험료로 월 16만 원이 넘는다면 당장 리모델링을 고려하라.
2. 보험은 반드시 발생할 위험이 아니라 만일의 위험에 대비하는 것이다. 적은 보험료로 필요한 보장을 잘 받는 게 최선이다.
3. 갱신형보다는 비갱신형 특약으로, 환급형보다는 소멸형 보험으로 가입해야 보험료로 돈이 새지 않는다.

연금저축 가입은 직장인의 필수잖아요?

당신은 연금저축의 타깃고객이 아닐 수도 있습니다

"노후도 대비하고 소득공제도 받고, 일석이조 아닌가요?"

"연금저축은 재테크의 기본 아닙니까? 무조건 가입했죠."

직장인들에게 연말정산 시즌은 휴가 다음으로 가슴 설레는 기간이다. '13월의 월급'을 얼마나 받아서 어떻게 쓸까, 생각만 해도 흐뭇하다. 하지만 때론 세금을 돌려받기는 고사하고 되레 추징당할 수도 있다. 이런 경험을 하고 나면 연금저축에 관심을 갖게 된다. 때마침 은행 직원이나 회사로 찾아온 보험설계사의 설명을 들으면 귀가 솔깃해진다. 연말정산을 통해 세금도 많이 돌려받고 노후도 미리미리 준비하는 '꿩 먹고 알 먹는' 필수상품으로 보인다.

하지만 연금저축도 다른 금융상품과 마찬가지로 그 이면을 잘 들여다봐야 한다. 특히 연봉이 적정 수준을 넘지 않거나, 뜻하지 않게 휴직이나 퇴직을 할 경우에는 소득공제 혜택도 제대로 못 받는 애물단지로 전락한다. 중간에 해지하려고 해도 엄청난 페널티 때문에 울며 겨자 먹기로 계속 유지해야 한다. 그러므로 소득공제를 받는다고 무작정 가입부터 하지 말고, 자신에게 잘 맞는 상품인지 꼼꼼히 따져봐야 한다.

금융회사마다 판매하는 연금저축의 장단점이 조금씩 다른데, 보험회사는 연금저축보험을, 은행은 연금저축신탁을, 증권사는 연금저축펀드를 판매한다. 어느 상품을 선택해도 연금저축은 '10년 이상 불입, 55세 이후 연금 지급'이 기본이다. 불입금액 중 연간 400만 원 한도 내에서 소득공제 혜택을 받을 수 있지만, 연금을 받을 때 5.5퍼센트의 연금소득세를 내야 한다. 또 연금으로 지급받을 때 개인연금이나 국민연금과 같은 공적연금, 금융소득과 기타 소득을 더해 연간 600만 원이 넘으면 종합소득 합산 과세 대상이 되므로, 다른 소득이 많다면 세율이 5.5퍼센트보다 더 높아진다.

그에 반해 중도해지할 경우에는 기타 소득세로 해지 원금의 22퍼센트를 제하고, 만일 5년 내에 해지할 때는 추가로 2.2퍼센트를 더해 총 24.2퍼센트를 제하는 등 페널티가 아주 큰 상품이다. 연금저축보험에 매달 30만 원씩 6년을 불입해 총 2,160만 원을 냈고 해지 당시 해약환급금이 원금에 못 미치는 2,000만 원이라고 해도 2,000만 원의 22퍼센트를 제한 1,560만 원만 돌려받을 수 있다는 말이다.

상품별로 차이점도 있다. 보험회사의 연금저축보험은 최소 10년 동안 매달 정해진 날짜에 납입하지 않으면 중간에 실효상태가 된다. 그리고 공시이율을 적용하기 때문에 연금으로 받을 때 물가상승에 따른 화폐가치 하락분을 방어하지 못해 연금이 껌값으로 전락할 수도 있다. 연금저축신탁은 납입은 자유로우나 수익률이 낮은 편이라, 연금으로 받을 때 인플레이션으로 인해 푼돈이 될 수 있다. 연금저축펀드 역시 납입은 자유로우나 시간이 경과할수록 수수료 부담이 커지고, 주식이나 채권시장 상황에 따라 원금이 손실될 위험도 있다. 하지만 펀드관리를 잘해 수익이 난다면 연금으로 받을 때 물가상승률은 방어할 수 있다.

연봉이 높지 않거나 여성이라면 가입에 신중을 기하라

연봉이 높지 않으면 연말정산을 통해 돌려받을 수 있는 소득공제 환급금이 적다. 세전연봉으로 2,500만 원을 받고, 근로소득공제와 인적공제를 포함해 기본적인 공제(카드 사용, 보장성보험 공제 등)를 받는다고 가정하면, 연금저축에 매달 20만 원씩 연간 240만 원을 불입할 때 내는 세금이 191,040원이다. 연금저축에 가입하지 않았을 때 내는 세금은 279,890원으로, 연간 88,850원(연 이자율 3.70% 수준)밖에 차이가 나지 않는다. 게다가 공제 항목이 많아지면 많아질수록 세금 차이는 더 줄어든다. 이런 정도의 소득공제 효과만을 보기 위해 불편한 연금저축에 무조건 가입하는 것은 현명한 선택이 아니다.

반면, 연봉이 높으면 연금저축의 소득공제 혜택을 적극적으로 이용해야 한다. 꼭 연금이 아니라도 소득공제 효과만으로도 충분한 수익을 올릴 수 있다. 이때도 연금 소득공제 한도인 연간 400만 원을 무작정 채우지 말고, 연금저축 상품의 장단점을 꼼꼼히 따져본 후 단계적으로 불입금을 늘리는 방법을 선택하는 게 좋다. 자신의 연봉에 따른 연금저축 상품의 소득공제 효과를 알아보려면 국세청 홈페이지를 방문해 '연말정산 자동계산' 프로그램에 소득과 공제 내역 등을 입력하면 된다.

특히 여성은 연금저축보험 가입에 신중해야 한다. 결혼을 하면 출산 때문에 몇 개월 또는 1~2년간 휴직을 할 수도 있다. 아이가 클 때까지 전업주부로 일을 중단할지도 모른다. 이 기간 중에는 수입이 줄거나 아예 없게 되므로 소득공제를 받을 일도 없다. 하지만 연금저축보험에 가입했다면 불입이 자유롭지 않기 때문에 소득공제를 못 받더라도 매달 보험료를 내야 한다. 만일 두 달 정도 불입하지 않으면 실효가 되고, 다시 살릴 때는 목돈이 들어 부담스럽다.

연봉이 높아 연금저축 상품에 가입해서 소득공제를 노린다면, 불입이 자유로운 증권사의 연금저축펀드에 가입하는 게 좋다. 불입금액 조정도 수시로 가능하기 때문에, 휴직이나 퇴직을 하면 그 기간 동안은 불입을 중단해도 된다. 펀드 전환을 통해 수익률을 적극적으로 올릴 수도 있다. 한국투자증권의 전환형연금저축펀드의 경우 국공채형, 채권형, 주식혼합형, 주식형 및 해외주식형으로 가입했다가 영업점에 전화를 하거나 인터넷으로 신청하면 채권형에서 주식형으로, 주식형에서 채권형으로 자유롭게 전환할 수 있다. 가입할 때 아예 채권형과 주식형을 나눠서 가입하는 것도 방법이다. 월 20만 원씩 불입한다면 채권형펀드에 10만 원, 주식형펀드에 10만 원씩 두 개의 연금저축펀드에 가입하면 된다. 간혹 원금 손실 때문에 연금저축펀드 가입을 망설이는 사람도 있는데, 그럴 때는 국공채형이나 채권형에 가입하면 된다.

해지하지 말고, '금융사간 이동' 제도를 활용하라

연금저축보험에 가입했는데도 소득공제 효과가 별로 없거나, 휴직 또는 퇴직을 했다면 '금융사간 이동' 제도를 이용해보자. 연금저축보험을 해약하는 데 따른 해지추징세나 기타소득세를 내지 않아도 된다. 현재시점의 해약환급금을 기준으로 연금저축펀드로 이동하는 것이다. 어차피 연금저축보험에 들어가 있는 돈은 현재 공시이율을 기준으로 할 때 가입 시점으로부터 5~6년은 지나야 불입원금이 되므로, 연금저축펀드로 이동하면서 발생하는 손실분은 몇 년 안에 만회할 수도 있다.

먼저 증권사에서 연금저축펀드를 개설하고, 통장을 가지고 연금저축보험을 가입한 보험회사의 고객센터에 가서 금융사간 이동을 신청하면 된다. 금융사간 이동을 하는 시점에서 주가가 높으면 채권형펀드와 주식형펀드를 한 개씩 개설해서, 목돈은 채권형펀드에 넣고 불입을 더 이상 하지 말고 주식형펀드는 소득이 많아져 소득공제를 받을 필요가 있을 때 이용하자. 주가가 낮은 시점이면 주식형펀드 하나만 개설해서 이용해도 된다.

금융사간 이동이 아니라 신규로 연금저축펀드에 가입할 때는 주가의 높고낮음에 관계없이 주식형펀드로 개설하고, 향후 주가의 변동에 따라 '펀드간 전환' 제도를 이용해 수익률을 높이면 된다. 금융사간 이동은 연금저축보험에서 연금저축펀드로만 되는 게 아니라, 연금저축 상품끼리는 모두 가능하다.

● 애물단지 연금저축 상품 제대로 활용하기

1. 국세청 '연말정산 자동계산' 프로그램에서 소득공제액을 확인한 후에 연금저축 가입 여부나 가입 금액을 결정하라. 소득공제를 제대로 못 받는다면 엄청난 페널티를 무는 연금저축 상품에 가입할 필요가 없다.
2. 중간에 해지하면 5년 이내에는 해약환급금의 24.2퍼센트를, 5년 이후에는 22퍼센트를 페널티로 제한다. 해약환급금이 원금에 못 미쳐도 페널티를 물어야 한다는 것을 기억하라.
3. 55세 이후부터 연금 지급이 가능하니, 국민연금을 받는 65세까지 '10년 지급형'을 선택해 가교연금으로 활용하면 유용하게 사용할 수 있다.

결혼자금이 부족한데 변액연금은 해약해야겠죠?

결혼비용을 줄이더라도 변액연금은 해약하지 마세요

 "독거노처녀로 살 수 있다며 보험회사 직원이 가입하라고 했어요."
 "중도인출도 가능하다면서요? 그래서 무리를 해서라도 가입했죠."

말도 많고 탈도 많은 금융상품 가운데 하나가 바로 변액연금이다. 그래도 노후준비를 위한 것이라면 현재로서는 변액연금만 한 게 없다. 분명히 알아야 할 점은, 변액연금은 노후에 연금을 받기 위한 것이지, 몇 년 불입해서 목돈을 만들기 위한 상품이 아니라는 것이다. 노후를 준비하려는 목적이 아니라면 절대 변액연금 상품에 가입해서는 안 된다.

2535세대에게도 변액연금은 '뜨거운 감자'다. 결혼 전이면 결혼자금 마련 때문에 관심조차 갖지 않게 되는데, 노후준비가 철저하게 시간과 수익률의 싸움임을 감안한다면 조금이라도 빨리 시작해야 나중에 부담을 덜 수 있다.

한편으로는 노후자금 마련에 일찍 눈을 떠서 가입을 하긴 했는데, 상품의 성격을 제대로 몰라서 월급 중 저축 여력의 50퍼센트 가까이를 변액연금에 불입하는 경우도 있다. 상품의 기본성격을 전혀 고려하지 않고 의욕만 앞선 경우로, 결혼 즈음에 중도인출을 하거나 원금을 손해보고 해약할 가능성이 높다.

미혼남녀라면 결혼자금이나 다른 목표들을 준비하는 데 우선순위를 두고, 노후자금을 위해서는 일정 부분만 세금 내듯이 준비하면 된다. 지금부터라도 노후자금 마련을 위한 투자를 해야겠다는 판단이 서면, 변액연금을 제대로 이해하고 활용하기만 해도 충분하다.

28세인 당신이 연금을 준비해야 하는 이유

앞에서 노후준비는 시간과 수익률의 싸움이라고 했다. 다음 페이지 표를 보면 노후준비가 선뜻 안 와닿는 28세 직장인들이 지금 당장 변액연금상품으로 노후준비를 시작해야 하는 이유를 확실하게 알 수 있다.

20세, 30세, 40세의 여성이 매달 20만 원을 불입하는 변액연금보험

구분	20세	30세	40세
납입기간	20년	20년	20년
연금불입액	20만 원	20만 원	20만 원
기대수익률	연 4%	연 4%	연 4%
기대수익률	연 8%	연 8%	연 8%
65세 월 연금액(4%)	54만 원	42만 원	32만 원
65세 월 연금액(8%)	218만 원	114만 원	60만 원

1. 천 원 단위는 반올림했음.
2. 보험회사 가입설계서 예시 기준의 투자수익률을 순수익률로 환산하면, 기대수익률 연 4%는 순수익률 연 2.8%, 기대수익률 연 8%는 순수익률 6.8%임.

에 가입해서 65세부터 사망할 때까지 매달 연금으로 지급받는 금액을 기대수익률 연 4퍼센트와 연 8퍼센트일 경우를 비교해서 예시한 표다. 불입한 기간은 20년으로 모두 같지만 불입을 완료한 후 연금으로 지급받는 65세까지는 남은 기간이 각각 25년, 15년, 5년으로 다르다. 돈이 모여서 굴러가는 시간이 연금액의 차이를 만든다. 연 8퍼센트 수익률을 가정할 때, 같은 20만 원을 내고도 20세에 가입하면 65세에 월 218만 원, 30세에 가입하면 월 114만 원, 40세에 가입하면 월 60만 원을 받게 된다. 10년의 시간 차이에 따라 매달 받는 연금액이 두 배 가까이 차이가 난다. 또 수익률이 연 4퍼센트일 때와 연 8퍼센트일 때 연금액은 20세에 가입한 경우 약 네 배, 30세는 약 세 배, 40세는 약 두 배 차이가 난다.

이 표가 우리에게 알려주는 것은, 가능한 한 나이가 한 살이라도 적을 때 연금준비를 시작하고, 위험이 있더라도 투자상품을 선택해야 적은 부담으로 효과적인 연금을 받을 수 있다는 것이다. 지금 당장은 노후준비가 절실하지 않더라도 세금처럼 내다 보면 시간과 결합해 의미있는 준비가 된다. 어차피 20년을 불입한다고 가정하면 빨리 20년을 채우는 게 유리하다.

변액연금의 단점, 오히려 장점으로 이용할 수 있다

은행이 1천만 원을 예금한 사람에게 연 3퍼센트의 이자를 주고, 그 돈으로 대출을 해서 연 5퍼센트의 이자를 받는다고 가정하자. 연 2퍼센트의 예대마진은 사업비일까 아닐까? 아무도 예대마진을 사업비라고 생각하지 않는다.

보험회사도 마찬가지다. 보험상품의 사업비는 장기상품이라는 관점에서 접근할 필요가 있다. 만일 30세 여성이 변액연금에 가입해 90세에 사망한다면, 보험회사에서는 60년간 관리를 해야 한다. 기본적으로 관리비용이 은행의 예금보다 많이 들 수밖에 없다.

투자형 연금인 변액연금과 정기예금식 연금인 공시이율연금(시중은행의 정기예금 이율 정도로 운용된다)에 동일한 조건으로 가입할 때, 두 연금의 가입설계서를 비교해보면, 공시이율연금의 7년 이내 계약체결 비용과

계약관리 비용은 12.12퍼센트이고 변액연금은 11.84퍼센트다. 놀랍지 않은가? 그 이후의 사업비도 공시이율연금이 더 높다. 지금까지 변액연금의 사업비만 높은 줄 알았겠지만, 공시이율연금의 사업비가 더 높다. 변액연금이라서 사업비가 많이 드는 게 아니라 보험이 장기상품이라서 사업비가 많이 드는 것이다.

그런데도 변액연금의 사업비만 문제가 되다 보니 연금 가입자들은 이중으로 피해를 보게 된다. 사업비도 더 많이 부담하는 상품에 가입하고, 연금으로 지급받을 때는 푼돈을 받게 될 수 있는 것이다. 보험설계사들도 쉽게 판매를 하려고 연금에 가입하고자 하는 사람들에게 공시이율연금이나 비과세저축보험을 적극 권하고, 소비자들도 그런 상품은 사업비가 문제되지 않는다고 생각해 쉽게 가입한다. 심한 경우에는 변액연금을 해약하고 공시이율연금으로 갈아타는 경우도 있다. 그럴 경우, 변액연금의 투자수익률에 따라 달라지겠지만, 기대수익률이 8퍼센트(순수익률 6.8%)라고 가정하면, 앞의 표에서 보듯이 30세 여성을 기준으로 65세에 연금을 3분의 1밖에 못 받는 최악의 상황이 발생한다.

그러므로 보험 가입자는 상품의 장점과 단점을 이용해서 스스로 이익을 더 챙기는 수밖에 없다. 예를 들면, 추가납입을 고려해서 변액연금에 가입하면 비용도 아끼면서 수익률도 더 높일 수 있다. 변액연금의 경우, 사망보장에 대한 위험보험료와 펀드운용 비용 등 제비용을 제하고 7년 이내 사업비가 월 보험료의 11.84퍼센트인 반면, 추가납입 보험료는 사업비가 보험료의 2.5퍼센트다. 추가납입은 기본계약 보험료의

200퍼센트까지 가능하다. 기본계약이 20만 원이면 40만 원을 추가납입할 수 있다. 60만 원을 기본계약으로 하는 것과 20만 원을 기본계약으로 하고 40만 원을 추가납입하는 경우를 비교하면, 전자는 60만 원 중 사업비로 71,040원을 빼고 투자되지만, 후자는 33,680원만 뺀다. 당연히 후자가 수익률이 높을 수밖에 없다.

30세 여성을 기준으로 65세 시점에 현재가치로 월 100만 원(65세 시점의 미래가치 월 281만 원, 연평균 물가상승률 3% 가정)의 연금을 받으려면 매달 49만 원씩 20년간 불입하면 된다. 이 경우, 약 3분의 1인 월 17만 원을 기본계약으로 가입하고 나머지 32만 원은 추가납입 제도를 활용하면, 사업비를 낮춰 변액연금의 수익률을 높일 수 있다. 이것이 바로 상품의 단점을 이용해 장점을 극대화하는 방법이다.

그렇다면 어느 회사의 상품이 좋은가?

변액연금은 노후준비를 위한 상품으로, 요즘 같은 저금리시대에는 물가상승에 따른 화폐가치 하락분을 방어할 수 있는 주식이나 채권 등에 투자함으로써 수익률을 높여서 연금을 조금이라도 더 받을 수 있는 방법을 선택해야 한다. 미혼남녀의 경우 가까운 시일에 돈 쓸 일도 많아 노후를 위해 많은 돈을 투입할 수 없기에 일정 금액만을 투자해 '투입 대비 산출'을 조금이라도 더 높여야 하는 것이다.

납입기간에 중단 없이 유지하면, 일정 시점 이후 사망할 때까지 월급처럼 매달 연금이 나오는 것도 큰 장점이다. 사망할 때까지 연금을 지급하는 상품은 현재 생명보험회사밖에 없으므로, 그쪽을 선택하는 것이 좋다. 그런데 한번 가입하면 60~70년간 관리가 돼야 하는 장기상품이므로 우량한 보험회사에 가입해야 한다. 또 설명을 들었는데도 이해하기 어려운 상품이라면 피하는 게 좋다.

사업비와 수익률도 감안해야 한다. 사업비가 다른 상품에 비해 저렴하다고 해도 운용을 잘못하면 장기적으로 더 큰 손해를 볼 수 있다. 무조건 저렴한 사업비에 초점을 맞추거나 수익률만 좋은 상품을 고르지 말고, 사업비와 수익률을 연동시켜 좋은 상품을 선택하자.

사후관리도 챙겨야 한다. 방카슈랑스 상품은 사업비가 약간 저렴할지 몰라도 사후관리는 상대적으로 취약하다. 펀드에 투자하는 상품이고, 중간에 펀드를 변경해야 하는 경우도 있으므로, 전문성이 있는 판매인에게 가입하고 지속적으로 사후관리를 받아야 한다.

또 한 가지 조심해야 할 것이 있다. 가입한 상품을 자꾸 교체시키려는 판매인은 가입자에게 좋은 상품보다는 자신의 실적을 올리기 위한 상품을 권할 가능성이 높으므로 피하는 것이 좋다.

모든 회사의 수많은 상품을 비교해보고 가입하기란 현실적으로 불가능하다. 체크리스트를 만들어 챙겨야 할 것만 잘 챙겨도 어렵지 않게 좋은 상품을 선택할 수 있다.

변액연금(VA)과 변액유니버셜보험(VUL), 무엇이 다른가?

같은 변액보험이라서 구분하기 어렵지만, 노후준비는 변액연금을, 15년 이상 장기목적 자금 용도로는 변액유니버셜보험을 활용하는 것이 좋다.

보험상품은 3년에 한 번씩 평균수명을 예측해 상품의 보험료율이나 연금액을 조정한다. 변액연금은 가입할 때의 경험생명표를 기준으로 연금액을 산출하지만, 대부분의 변액유니버셜보험은 연금으로 전환할 시점의 경험생명표를 적용한다. 그동안 3년에 한 번씩 경험생명표가 바뀔 때마다 평균수명이 늘어 연금액이 줄어들었고, 앞으로도 계속 평균수명이 늘어난다면 같은 일이 반복될 것이다. 보험회사는 같은 보험료를 받았다면 평균수명이 짧은 시점을 기준으로 가입한 보험에 대해서 연금을 더 줄 것이다. 따라서 노후준비 용도라면 변액연금으로 준비해야 같은 보험료를 불입하더라도 더 많이 받을 수 있다.

마지막으로, 변액연금이나 변액유니버셜보험에 가입할 때 정말 조심해야 할 게 있다. 변액보험은 아무리 수익률이 좋더라도 2년 안에 원금 이상의 큰 수익이 발생하지는 않는다. 5년은 지나서 해약해야 원금을 회수할 수 있다. 또 비과세에 복리효과가 있다지만 최소한 15년 이상 투자해야 그 효과가 난다. 변액연금의 중도인출은 편의를 위한 기능일 뿐이다. 그것을 이용해 수시로 돈을 빼서는 안 된다. 연금은 가능하면 중도인출을 하지 말아야 한다. 판매인들 중에는 이런 기능을 마치 요술방망이처럼 설명하면서 소비자를 현혹하는 사람이 있는데, 그 기능이 매력적이라고 느껴진다면 변액연금은 가입하지 않는 것이 좋다.

한 가지 더, 매달 불입하는 보험료는 최소 20년 동안 유지하는 데 큰 지장이 없는 금액에서부터 출발해야 한다. 소득이 늘어 노후준비를 더 하고 싶다면 추가납입 기능을 활용하면 된다. 의욕만 가지고 무리하게 가입해놓고 중간에 해약하면 가장 크게 손해를 보는 상품이 보험이라는 것을 꼭 기억하자.

> ● **변액연금을 120퍼센트 활용하기 위한 세 가지 불문율**
>
> 1. 목돈 마련을 위한 상품이 아니고 노후준비를 위한 상품임을 명심하라. 절대로 무리하게 불입금액을 설정해서는 안 된다. 중도에 멈추거나 해약해서 쓸 수 있다는 생각은 꿈에도 하지 마라.
> 2. 변액연금 수익률을 높이려면 반드시 추가납입 기능을 활용하라.
> 3. 변액연금의 중도인출 기능은 없다고 생각하라. 혹시 결혼자금이 부족해서 중도인출할 생각이라면 차라리 결혼비용을 줄여라.

청약통장, 무조건 만들어야 하는 거 아니에요?

청약통장으로 내 집 마련하는 시대는 지나갔습니다

"엄마가 회사 들어가면 청약통장부터 만들라고 했는데요."

"없으면 왠지 무능력한 남자 같아 보이잖아요."

취업을 해서 월급을 받기 시작하면 제일 먼저 가입하는 금융상품이 바로 청약통장이다. 우리나라에서 청약통장은 내 집 마련을 꿈꾸는 모든 이의 필수통장이다. 그런데 부동산 패러다임이 바뀐 요즘에는 그 의미가 퇴색되어가고 있다.

과거에는 분양가가 주변 시세의 80퍼센트 정도여서, 청약에 당첨만 되면 무조건 시세차익으로 돈도 벌고 내 집도 마련하는 일석이조의 통장이었다. 집값도 계속 올라 재테크 필수 아이템이었다. 당첨된 아파트에 입주하지 않아도 분양권만 팔면 돈이 됐다. 계약금만 내고 중도금이나 잔금은 대출을 받아서 내도 아파트가 건설되는 동안 집값이 크게 올라 대출비용을 감당하고도 돈이 남았다. 아파트에 당첨되기는 어려웠지만, 좋은 조건의 아파트에 일단 당첨만 되면 로또만큼은 아니어도 '대박'이라 할 만했다. 그래서 청약통장을 가족 수대로 만들기도 했다.

하지만 지금은 상황이 변했다. 미분양 아파트도 많고, 설사 당첨이 되더라도 주변 시세보다 분양가가 오히려 높다. 분양가가 시세를 따라가는 게 아니라 시세가 분양가를 따라가므로 시세차익을 얻을 수가 없다. 분양권에 프리미엄은커녕 마이너스프리미엄이 붙어 팔고 싶어도 팔지 못하고 울며 겨자 먹기로 대출이자를 내야 한다. 충분한 자금 없이 분양권 전매로 돈을 벌려고 했다가 분양권이 안 팔리면 그야말로 쪽박을 차게 된다.

청약통장으로만 봐도 현재 청약 1순위가 1천만 명에 육박한다. 1순위라도 좋은 조건의 주택에 당첨될 확률은 지극히 낮다는 이야기다. 또 당첨이 되더라도 과거와 같은 메리트를 기대하기 어렵다. 더구나 집값이 과거처럼 무조건 오르지 않을 가능성이 높다. 부동산시장의 어두운 미래를 감안하면, 청약통장 없이도 내 집 마련을 위해 착실히 돈을 모으다 보면 좋은 조건으로 주택을 살 기회는 여러 번 찾아올 것이다.

🧠 청약통장 없이도 집을 살 수 있는 시대다

현재의 주택가격으로는 대부분의 젊은이가 취업하고 10년 안에 청약을 하지 못할 가능성이 높으므로, 금리가 낮은 청약통장에 돈을 많이 묶어 둘 필요가 없다. 청약통장의 돈을 사용하려면 청약을 하거나 통장을 해지하거나 예금담보 대출을 받는 방법밖에 없다. 해지를 하면 모든 자격은 사라진다.

이제 청약통장은 재테크가 아니라 보금자리주택이나 국민임대주택처럼 실거주비용을 줄일 수 있는 주택을 신청하기 위한 수단 정도로 생각하는 것이 좋다. 미래에 주택 청약이나 신청 등의 조건이 어떻게 변할지 모르니 청약통장 한 개는 가지고 있는 것이 좋지만, 결혼해서 청약통장이 한 개 이상이 되면 희망하는 주택을 감안해 꼭 필요한 것만 남기고 나머지는 다른 목표를 위한 용도로 전용하는 게 바람직하다.

보금자리주택이나 국민임대주택을 신청하거나 일반주택에 청약하려면 청약통장이 필요하다. 청약통장에 가입해 24개월 이상만 연체 없이 불입하면 바로 청약 1순위가 된다. 6개월만 유지하면 청약 2순위다. 최소금액인 매달 2만 원씩 불입하다가 무리한 대출 없이 청약계획이 구체화되는 시점에 저축액을 늘려가면 된다. 동순위 청약자가 많을 때는 무주택 기간 외에도 저축총액이나 납입횟수가 당첨을 결정하는 기준이 된다.

과거에는 청약통장이 청약저축, 청약부금, 청약예금 세 종류만 있었다. 그런데 2009년 5월 '만능통장'이라 불리는 주택청약종합저축이 출시되었다.

주택청약종합저축통장을 가지고 있다면 청약할 때 원하는 주택의 크기 등을 선택하면 되지만, 청약저축·청약부금·청약예금 통장은 청약할 수 있는 집의 규모나 공공 또는 민영 주택이 가입과 동시에 결정된다. 희망하는 주택의 유형과 청약통장이 맞지 않으면 실제 청약을 할 때 낭패를 볼 수 있다. 내용을 확인해보고 용도에 맞게 조정할 필요가 있다. 청약예금통장을 가지고 보금자리주택을 신청하려고 하면 자격이 안 된다. 이 경우에는 청약예금을 해지하고 새로 주택청약종합저축에 가입하는 게 좋다.

참고로, 청약저축과 청약부금은 청약예금으로 전환해서 사용할 수 있다. 희망하는 집이 크다면 청약예금도 가입금액을 늘리면 된다. 다만, 통장을 전환하면 애초의 통장으로 복귀할 수 없고, 새로운 통장으로 청약하려면 전환 시점으로부터 1년 후에나 가능하기 때문에 이 또한 신중하게 결정해야 한다.

미혼남녀의 경우 청약통장 가입 문제로 고민이 많은데, 남자는 주택청약저축에 가입해 최소 월 2만원씩 24개월을 불입해 청약 1순위를 만들어놓겠다는 생각으로 가입해도 좋다. 하지만 여성은 굳이 청약통장에 가입할 필요가 없다. 어차피 결혼하면서 통장을 합칠 때 두 사람이 가입한 청약통장 중 하나는 무용지물이 되어 해지하게 된다. 통상적으로 세대주가 남자인 경우가 많으므로 여성의 청약통장을 해지하는 편이다. 또 청약통장은 대부분 남자들이 직장에 들어가면 제일 먼저 가입하는 금융상품 중 하나이기도 하고, 취업하기 전에 부모님이 가입해놓은 경우가 많으므로, 여성은 그 돈으로 차라리 적금이나 펀드를 하는 게 더 효율적이다. 혹시 결혼할 배우자가 청약통장이 없다면 그때 가입해도 늦지 않다.

결혼을 앞두고 있다면 배우자의 청약통장 보유 여부를 확인해서 유리한 조건의 통장만 남기고 나머지는 부족한 결혼비용에 보태는 게 좋다. 결혼 후 세대주가 남편이라도 여성이 보유한 통장이 유리하다면 명의를 남편으로 변경해 사용할 수 있다. 반대의 경우에도 마찬가지다.

청약저축이나 주택청약종합저축은 무주택 세대주라면 불입 금액의 40퍼센트인 48만 원까지 소득공제 혜택을 받을 수 있으니 연말정산 때 잘 챙겨야 한다.

- **하우스푸어를 면하는 청약통장 활용법**

1. 무리한 대출을 받아 집을 사면 집에 인생을 저당잡힌다. 하우스푸어는 남의 이야기가 아니다.
2. 집을 살 때는 이자만 생각하고 대출을 받아서는 안 된다. 거치기간이 끝나면 원금과 이자를 같이 갚아야 한다. 원리금을 갚아나갈 수 있는 범위 안에서만 대출을 받아라.
3. 앞으로 살고 싶은 집과 내가 가진 청약통장을 반드시 확인하라. 보금자리주택을 신청할 사람이 청약부금통장을 가지고 있으면 청약 자체가 안 된다.

어떤 펀드가 좋은지 창구 직원한테 물어보면 되나요?

딱 세 가지만 제대로 알면 최고의 투자상품이 펀드입니다

"더 떨어질까 무서워서 중간에 해약했어요."

"펀드를 할 바엔 주식을 하는 게 낫죠."

5장에서 은행의 예·적금만 고집할 게 아니라 적립식펀드에도 관심을 가져야 하는 이유를 구체적으로 설명했다. 이제는 적립식펀드 투자에서 제대로 수익을 챙기는 방법에 대해 알아보자. 적립식펀드를 이제 막 시작하는 이들에게 가장 중요한 원칙이고, 펀드투자에 실패해본 이들에게는 불패전략이 될 것이다.

은행에 예금과 적금이 있듯이, 펀드도 거치식(예금)과 적립식(적금)이 있다. 다만 예금과 적금처럼 상품이 구분되어 있는 것이 아니라, 투자방식에 따라 거치식과 적립식으로 나뉜다. 한국투자증권의 '한국의 힘'이라는 국내주식형펀드에 매달 일정한 금액을 일정한 날짜에 불입하면 정기적립식 투자이고, 한 번에 목돈을 투자하면 거치식 투자다. 정기적립식 또는 거치식으로 투자하다가 목돈이 생기면 임의로 돈을 더 넣을 수도 있는데, 이를 임의식 투자라고 한다. 같은 펀드라도 투자하는 방식을 마음대로 결정할 수 있는 것이다.

하나, 적립식과 거치식 펀드 누가 더 똘똘할까?

적립식 투자는 현재 주가와 관계없이 시작해도 되지만, 거치식은 투자 시점을 신중하게 결정해야 한다. 초보자의 경우, 주가가 현저하게 낮다고 판단되지 않는 한 거치식 투자는 하지 않는 게 좋다.

2011년 5월 9일 종합주가지수는 2139.17이었다. 1,200만 원을 이날 종가에 거치식으로 투자했고, 종합주가지수의 변동에 따라 수익이 난다고 가정하자. 수익을 내려면 지수가 항상 2139.17보다 높아야 한다. 1년 후에도 지수가 2139.17로 동일하다면 수익률은 0퍼센트가 아니라, 수수료와 보수를 감안하면 -2~-3퍼센트로 손해를 본 셈이다.

1년 동안 종합주가지수가 오르내린 건 중요하지 않다. 환매하는 시점의 지수가 반드시 투자 시점보다 높아야만 수익이 난다. 수수료와 보수를 제하고 10퍼센트의 수익을 올리려면 지수가 최소한 2353.08보다 높아야 한다.

2012년 5월 9일 종합주가지수는 오른쪽 표에서 보듯이 1950.29다. 2011년 5월 9일에 거치식으로 투자하고 1년 후에 환매했다면, 수수료와 보수를 감안하지 않더라도 약 -8.82퍼센트의 손실이 발생했다. 이래서 거치식 투자는 쉽지 않다.

적립식으로 펀드에 투자하는 이유는, 투자하는 동안 주가가 올라갈지 횡보할지 아니면 떨어질지 아무도 모르기 때문이다. 주가의 등락에 관계없이 정기적립식으로 투자해서 평균 매입단가를 하향평준화시킨 다음, 잘 환매해서 수익을 올리는 투자방법인 것이다.

표를 보자. 2011년 5월 9일부터 매달 일정한 날 100만 원씩 적립식으로 투자했다면 1년 동안 총 6,190.30좌수를 확보하게 되고, 같은 날 1,200만 원을 거치식으로 투자했다면 5,609.65좌수를 확보한다. 1년간 종합주가지수가 V자를 그려서 적립식 투자로 더 많은 좌수를 확보할 수 있었다. 주가가 떨어질 때는 더 싸게 살 수 있기 때문이다. 1년 후 거치식 투자의 수익률은 -8.82퍼센트지만, 적립식 투자는 +0.6퍼센트다.

거치식으로 투자하면 2011년 5월 9일 투자 시점의 종합주가지수보다 무조건 올라야 하지만, 정기적립식으로 투자를 했다면 지수가 1938.5만 되면 원금이 되고 2132.36이 되면 10퍼센트의 수익이 난다. 지수가 거꾸로 움직이면 상황이 달라지겠지만, 3~5년간 여유를 두고

일자	종합주가지수	1,200만 원 일시투자(좌)	월 100만 원 정기적립(좌)
2011. 5. 9.	2139.17	5,609.65	467.47
2011. 6. 9.	2071.42		482.76
2011. 7. 9.	2129.64		469.56
2011. 8. 9.	1801.35		555.13
2011. 9. 9.	1812.93		551.59
2011. 10. 9.	1766.44		566.11
2011. 11. 9.	1907.53		524.23
2011. 12. 9.	1874.75		533.40
2012. 1. 9.	1826.49		547.49
2012. 2. 9.	2014.62		496.37
2012. 3. 9.	2018.30		495.46
2012. 4. 9.	1997.08		500.73
누계		5,609.65좌	6,190.30좌
2012. 5. 9.	1950.29	10,940,444원	12,072,880원
수익률		-8.82%	+0.60%

1. 펀드는 종합주가지수로 좌수(펀드의 거래단위)를 표시하지 않는다. 기준가격으로 표시하지만 이해를 돕기 위해 종합주가지수를 기준으로 좌수를 표시했다.
2. 펀드의 비용인 수수료와 보수는 감안하지 않았다.
3. 국내주식형펀드의 경우 통상적으로 수수료와 보수의 합계가 연 2~3% 수준이다.

투자하면서 같은 효과를 노리는 것이 정기적립식 투자방법이라고 이해하면 된다.

적립식펀드 투자에서 실패하는 경우는 대부분 2008년 무렵처럼, 주가가 올라갈 때는 기분이 좋아 잘 불입하고 경우에 따라서는 추가불입까지 하지만, 주가가 떨어지면 불입을 중단하기 때문이다. 원칙을 지켜 투자하면 반드시 성공할 수 있는 방법이 정기적립식 투자다.

가끔 적립식펀드를 은행의 적금과 혼동하는 경우가 있다. 3년 만기 적금에 가입하면 3년 동안 매달 일정액을 불입했다가 만기 시점에 돈을 찾지만 적립식펀드는 만기가 없다. 가입한 펀드가 폐쇄되지 않는 한 만기를 계속 연장할 수 있다. 매달 불입하지 않아도 된다. 그 달에 돈이 부족하다면 건너뛰어도 상관없다. 정해진 날 잔고가 부족해서 자동이체가 안 됐다면 다른 날이라도 펀드계좌에 돈을 넣어두면 자동으로 매수된다. 환매도 한 번에 하지 않아도 된다. 몇 번 분할해서 환매해도 상관없다. 급히 쓸 돈이 아니거나 앞으로 더 올라갈 것 같아 환매하기가 아쉽다면, 절반만 먼저 환매해서 수익을 실현하고 나머지는 그대로 두었다가 지수가 더 올라가면 환매하고 떨어지면 더 기다려도 된다.

🌿 둘, 목표수익률을 정하지 않고는 시작도 하지 마라

주식이나 적립식펀드는 장기적으로 투자하면 성공한다고들 말한다. 그런데 막상 투자를 해보면, 머리로는 장기투자가 당연하게 받아들여지지만 막상 주가가 오르내리고 그 폭이 커지면 가슴이 먼저 뛴다. 그래서 올라갈 때는 욕심이 생겨 매달 정기적으로 이체되는 금액보다 더 불입하고, 떨어지기 시작해 그 폭이 커지면 두려움에 불입을 중단한다. 이것이 펀드투자에 실패하는 가장 큰 이유다.

그러나 장기투자를 한다고 반드시 성공하는 것도 아니다. 보통 3~5년을 투자하라고 하지만, 3~5년 후 돈이 필요해서 환매를 해야 하는 시점이 2008년 글로벌 금융위기 같은 상황이라면 펀드에 들어갔던 돈은 반토막이 날 수 있다.

이런 위험을 예방하기 위해서는 반드시 목표수익률을 정해야 한다. 목표수익률에 도달하면 목돈이 된 돈은 환매하고 불입은 계속해나가는 식으로 투자하면 좀더 안정적으로 자산을 운용할 수 있다. 먼저 은행 예금금리의 두세 배 수준에서 목표수익률을 정하자. 현재 시중은행의 1년 만기 정기예금 금리가 연 3퍼센트대이므로 연평균 8~12퍼센트로 잡으면 적절하다.

목표수익률을 연 10퍼센트로 정하고 매달 50만 원을 적립식펀드에 투자한다고 가정하자. 처음 몇 달 안에 연 10퍼센트를 올린다고 해도 수익은 얼마 안 되기 때문에, 그 시점에는 환매를 생각할 필요가 없다. 1년 정도 불입하면 600만 원이 되는데, 이 시점에서 수익률이 10퍼센트라면 60만 원의 수익을 얻을 수 있다. 그러면 660만 원은 환매해서 안전자산 위주로 목돈투자를 하고, 매달 불입하던 50만 원은 (지금과 같은 저금리라면) 계속 유지하면서, 같은 식으로 반복하면 된다.

만일 1년 후에 수익률이 -20퍼센트라면 환매할 필요가 없다. 펀드에서 손실은 환매할 때 결정된다. 그 전에는 꾸준히 원금을 늘려나가면 된다. 몇 달을 더 불입해나가다가 연평균 10퍼센트 근처가 되는 시점에서 덩어리가 된 목돈은 안전자산으로 옮기고 불입은 계속한다. 1년 6개월 정도 투자했다면 기간수익률이 15퍼센트는 돼야 연평균 10퍼센트가 된다. 그때도 마이너스거나 수익이 미미하다면 계속 불입하다가 적절한 시기에 환매한다. 때로는 이렇게 기다려야 하기 때문에 펀드투자를 할 때는 3~5년 정도 여유를 가져야 성공할 수 있다.

셋, 펀드를 선택할 때 이것만이라도 신경을 쓰자

먼저, 초보자라면 유행과 트렌드를 좇는 펀드는 피해야 한다. 적립식펀드에 투자할 때 유행을 타는 펀드나 테마형 펀드보다는 전통적인 주식형펀드(주식에 60~100% 투자하는 펀드)에 투자하는 게 좋다. 유행을 타는 펀드들은 금융회사들이 판매를 올리기 위해 설정한 콘셉트에 맞게 구성된 것들이 많다. 한때 판매에 열을 올렸던 물펀드와 리츠펀드 그리고 최근에 유행한 소수 종목에 투자하는 압축형 펀드도 인기가 좋아 쏠림현상이 두드러졌지만 결과는 좋지 않았다.

둘째, 분산투자도 고려해야 한다. 요즘은 국내펀드 비중이 높아 한동안 인기를 끌었던 해외펀드가 주춤하고 있다. 펀드는 싸게 사서 비싸게 환매하는 것이라는 기본성격을 이해한다면, 저평가된 해외펀드를 일부라도 포트폴리오에 넣는 게 바람직하다. 펀드에 투자할 때 보통 두세 개를 고르는데, 모든 펀드의 수익률이 좋다면 좋겠지만 그렇지 않은 경우가 더 많다. 매달 60만 원을 20만 원씩 A·B·C펀드에 투자한다고 가정할 때 1년 후 A펀드가 +20퍼센트, B펀드가 +10퍼센트, C펀드가 0퍼센트라면 전체 펀드 평균수익률은 10퍼센트가 된다.

분산투자는 위험을 분산하면서 적정한 수익률을 올리는 게 주목적이다. 단, 해외펀드에 분산투자를 하더라도 중동이나 아프리카, 저개발국가에 대한 투자는 보류해야 한다. 누구나 성장잠재력을 인정하는 차이나펀드를 참고하자. 성과가 나기까지 10년 이상 걸릴 수도 있다. 금액을 분산하는 것 못지않게 지역을 분산해서 투자하는 것도 중요하다.

셋째, 새로 출시되는 펀드는 1년 정도는 지켜보는 게 좋다. 펀드의 과거 성과가 미래의 수익률을 담보하는 것은 아니지만, 그래도 장기간 성과가 좋았던 펀드가 앞으로도 좋을 가능성이 높다. 우리나라는 현재 펀드가 1만 개에 육박한다. 자산시장의 규모에 비해 펀드 수가 너무 많고, 한 펀드매니저가 관리하는 펀드도 많다. 당신이 펀드매니저라면 5천억 원이 투자된 펀드와 50억 원이 투자된 펀드 중 어느 쪽에 더 신경을 쓰겠는가? 주식형펀드 중 방송이나 신문에 3~5년의 성공적인 수익률을 지속적으로 광고하는 간판펀드라면 선택해도 좋다. 광고를 지속적으로 하는 펀드는 관리를 잘할 확률이 높다.

넷째, 펀드에 가입하기 전에 상품을 충분히 이해하자. 펀드에 가입하려면 증권회사나 은행 등 펀드판매회사에 가야 한다. 그 전에 최소한 제로인(www.zeroin.co.kr)이나 모닝스타코리아(www.morningstar.co.kr) 같은 펀드평가회사 사이트에 들어가 성과가 좋은 펀드나 추천 펀드를 몇 개 고른 후 창구에 가서 설명을 듣고 가입하는 게 좋다. 그런 절차 없이 창구에서 먼저 추천을 받게 되었다면 바로 가입하지 말고 돌아와서, 위의 펀드평가 사이트에 들어가 추천받은 펀드들의 성과를 확인해야 한다. 이런 과정을 거쳐야 좋은 상품에 가입할 수 있다.

투자결과에 대한 책임은 창구 직원이 아니라 철저하게 가입자가 지게 된다. 가입할 때부터 남의 말에 솔깃해서 무작정 덤빌 게 아니라, 상품을 제대로 알고 투자하는 습관을 길러야 돈을 제대로 불릴 수 있다.

● **펀드투자, 이렇게 하면 실패한다**

1. 주식보다 만만하다는 이유로 신문광고 대충 보고 가입한 다음, 목표 수익률도 안 정해 놓고 무작정 더 오르기를 기다리면 반드시 실패한다.
2. 올라갈 때는 욕심에 추가로 불입하고 떨어질 때는 두려움에 불입을 중단하면 반드시 실패한다. 가슴이 아닌 머리로 냉철하게 목표수익률에 집중하라.
3. 마이너스수익률로 몇 달 속앓이를 한 후 원금이 회복되는 시기에 바로 환매하면 반드시 실패한다. 펀드는 원금을 보장받으려고 하는 게 아니라, 목표수익을 올리기 위해 투자하는 것이다. 3~5년 여유를 갖고 목표수익률에 도달할 때까지 기다려라.

ETF, 정말 주식보다 덜 위험하고 펀드보다 낫나요?

단돈 만 원으로 지금부터라도 시작해보세요

"ETF, 그거 펀드하고 뭐가 다른가요?"

"좀 위험하더라도 차라리 주식이 낫지 않습니까?"

일반인들이 주식투자를 해서 돈을 벌기는 쉽지 않다. 벌 때는 조금 벌고 잃을 때는 많이 잃는 것이 주식투자다. 그렇다고 안전한 은행만 이용하기에는 성이 차지 않는다. 요즘처럼 저금리를 이길 수 있는 투자상품 찾기가 어려운 때도 없다. 그렇다면 주식에 직접투자하는 경우의 위험은 줄이고 돈은 불릴 수 있는 투자상품은 없을까?

이럴 때는 ETF(상장지수펀드) 투자에 관심을 가져보자. 잘만 투자하면 푼돈으로 목돈을 만들 수 있고, 향후 불어난 돈을 더 잘 불릴 수 있도록 재테크 기초체력까지 다질 수 있다. ETF는 수익률이 특정 주가지수와 연동되도록 설계된 지수연동형펀드(Index Fund)로, 주식처럼 거래된다. 한마디로 주가지수를 사고파는 증권상품으로, 시장수익률을 그대로 따라간다고 보면 된다. 코스피200 같은 특정 지수를 하나의 종목으로 만들어, 삼성전자 주식처럼 적시에 사고팔면서 수익을 챙기는 것이다.

주식시장에 상장되어 거래되는 ETF에는 다양한 종목이 있으니, 자신의 투자성향에 따라 선택하면 된다.

코스피200 등 시장지수를 추종하는 상품이 있는가 하면, 삼성그룹처럼 테마형 상품도 있다. 자동차나 반도체 등 잘나가는 산업군이나 '중국H주' 같은 해외주식에도 투자할 수 있다. 국고채 등의 안전자산, 금이나 구리 같은 원자재, 콩 등의 농산물에도 투자할 수 있다. 어느 경우든 개별주식에 투자할 때보다 투자대상을 고르기가 한결 수월하고, 손실 위험도 적다.

거래단위는 1주고 수수료도 저렴하기 때문에, 종목에 따라서는 단돈 1만 원만 있어도 ETF투자를 시작할 수 있다. 이처럼 적은 돈으로 투자도 하고 투자공부도 할 수 있어 재테크 초보자들에게 무척 매력적이다. 게다가 주가가 오를 때만 수익을 얻는 것이 아니라, 주가 하락을 예상해 인버스 종목에 투자하면 주식시장이 하락세여도 수익을 얻을 수 있다. 또 레버리지 종목에 투자하면 상승할 때 두 배 정도의 수익률(하락할 때는 두 배 정도 하락)을 올릴 수 있어서, 적은 돈으로 더 적극적인 수익을 기대할 수 있다. 펀드와 비슷해 보이지만 펀드에 비해 거래하기가 수월하고 비용도 적게 들며 현금화도 쉽다.

단돈 1만 원으로 시작하는 ETF투자

주식투자를 하다 보면 크게 두 가지 위험이 따른다. '시장위험'과 '개별위험'이다. 시장위험은 주식시장 전체의 등락과 연관되므로 개인이 통제할 수 없지만, 개별위험은 내가 산 종목의 위험이므로 어떤 종목을 고르느냐에 따라 위기가 기회가 되기도 한다.

종목을 잘 고르면 다른 종목이 대부분 떨어지더라도 올라갈 수 있고, 다른 종목보다 낙폭이 작을 수도 있다. 주식시장 관련 뉴스를 유심히 보다 보면 종합주가지수가 크게 오른 날도 떨어진 종목이 있고, 지수가 크게 떨어진 날도 오른 종목이 있다. 즉, 주식시장에 상장된 모든 종목이 똑같이 올라가거나 떨어지는 것이 아니다.

ETF는 시장 전체의 위험은 피할 수 없지만, 개별종목을 사고파는 데 따르는 위험을 분산시키기 위해 여러 종목에 투자할 수 있도록 지수화해서 상품화했기 때문에 주식보다 훨씬 덜 위험하다. 또 ETF종목들의 주당 가격이 저렴해 소액으로도 투자할 수 있어서 푼돈으로 목돈을 만드는 재미와 투자경험을 쌓을 수 있다는 장점도 있다.

ETF를 이용해 푼돈을 목돈으로 만드는 간단한 방법이 있다. 앞에서 통장을 쪼개서 관리하는 방법에 대해 언급했는데, 그 통장 중 매달 이동통신비나 외식비 등을 정기적으로 넣어두는 통장을 이용해 ETF투자를 하면 된다. 이 정기지출 통장에는 관리비나 저축 등 매달 지출금액의 변동 없이 나가는 돈을 주로 넣어두지만, 외식비나 용돈 또는 이동통신비처럼 노력하면 아낄 수 있는 돈도 넣어둔다. 이 비용을 절약해 단돈 1만 원만 만들어도 바로 ETF투자를 시작할 수 있다.

매달 25일에 월급을 받는다고 가정하자. 월급을 받으면 목적에 따라 여러 개의 통장으로 각각 배분할 것이다. 정기지출 통장에도 그 달에 쓸 돈이 들어가는데, 한 달 동안 사용하고 남은 돈으로 ETF투자를 할 수 있다. 다음 달 24일 밤에 정기지출 통장에 남아 있는 돈을 ETF투자를 위한 주식거래 통장으로 보내고, 정기지출 통장의 잔고는 '0원'으로 만들어라. 5천 원이라도 괜찮고 1만 원이라도 좋다. 25일 아침 그 돈으로 평소에 골라둔 ETF종목을 살 수 있는 만큼 사면 된다.

다음 달에도 그렇게 반복해 1년 정도는 사기만 해라. 매달 이렇게 모은 푼돈이 1년 후 목돈으로 변해 있을 것이다. 삼성그룹주에 투자하는 'TIGER삼성그룹'은 2012년 5월 4일 현재 주당 9,195원이다. 매달 3만 원을 남겨 이 종목에 투자하면 1년 후에 약 40주를 살 수 있다(시세는 물론 살 때마다 다르다). 1년 후 평균 15퍼센트 올라 10,574원이 돼서 판다면 약 422,960원이 된다. 친구를 만나 저녁 한 끼 먹을 때 3만 원은 푼돈이지만, ETF에 매달 투자한 푼돈 3만 원은 1년 만에 422,960원의 목돈으로 돌아온다.

　푼돈으로 투자하는 ETF투자에 재미가 붙으면 돈을 아끼는 데 동기부여가 된다. 아침에 한 잔, 점심 먹고 또 한 잔 마시는 테이크아웃 커피를 하루 한 잔으로만 줄여도 ETF투자가가 될 수 있다.

　ETF의 더 큰 장점은 푼돈으로 투자공부도 하고 투자경험도 쌓을 수 있다는 것이다. 재테크책도 읽고 경제신문도 찾아보게 된다. 경제신문에 '현대차 2012년 1/4분기 사상 최대 실적' 같은 기사가 실리면, 그 달에는 'TIGER현대차그룹(2012년 5월 4일 현재 주당 29,035원)'을 사게 되고, 자연히 경제에 대한 관심도 커진다. 이렇게 1년 동안 ETF를 사모아 만든 돈은 여가비용으로 쓰든 재투자를 하든 '즐거운' 목돈이 된다. 이런 경험이 쌓이면 자연스럽게 재테크에 대한 관심도 커져 스스로 공부하는 계기가 된다.

ETF투자, 지금 당장 시작하는 법

ETF투자를 하기 위해서는 먼저 ETF거래를 할 수 있는 주식거래 계좌를 만들어야 한다. 동양증권이나 삼성증권 같은 증권회사에 가서 주식거래 계좌를 만들고 인터넷거래 신청을 한다. 계좌를 개설한 증권사의 홈페이지에 가서 등록을 하고 증권거래를 할 수 있는 공인인증서를 발급받아 ETF를 사고팔 수 있는 준비를 해둔다.

포털사이트 검색창에 KODEX나 TIGER를 검색해, 삼성자산운용이나 미래에셋자산운용 사이트에 들어가면 판매중인 ETF종목이 뜬다. 관심있는 몇 가지를 골라 종목코드를 적어두면 된다.

아래 그림은 동양증권 홈페이지에서 ETF를 거래하는 주식거래창의 실제 모습이다.

왼쪽 검색창에 아까 적어둔 종목코드를 입력해 왼쪽 아래 열거된 종목들처럼 관심종목으로 설정해놓으면 된다. 매도가격과 매수가격을 확인하고, 사거나 팔 때는 오른쪽 상단에 있는 매수·매도 박스에 계좌비밀번호를 입력하고 종목을 확인한 후, 매수가격(위 사진의 경우 14,170원)과 매수수량을 입력한 다음 매수주문 버튼을 누르면 주문이 완료된다. 하단의 당일체결 버튼을 누르면 매수 여부를 확인할 수 있다. 팔 때도 마찬가지다.

직접 해보면 생각보다 간단하다. 너무 복잡해서 재테크 고수나 할 것처럼 보이는 투자상품도 내용을 제대로 알면 의외로 쉽게 도전할 수 있다.

● **ETF투자에 성공하는 필승전략**

1. 잘 이용하면 돈을 불리는 좋은 투자상품이지만, 자칫 잘못하면 데이트레이더가 되어 종일 주식창을 들여다보게 된다. 주식 대신 ETF투자를 하는 이유를 명심하라.
2. 어디까지나 푼돈으로 투자공부를 한다는 마음으로 시작하라. 투자상품은 욕심을 제어할 수 있어야 성공한다. 절대 욕심부리지 마라.
3. 처음 투자할 때는 자주 사고팔아 수익을 올리기보다는 매달 조금씩 관심있는 종목을 모아가는 데 집중하라. 경험이 생기고 투자성향이 맞으면 목돈투자에도 유용하게 활용할 수 있다.

결혼자금 외에 목돈이 좀 있는데 어떻게 굴려야 할까요?

목돈 재테크의 대세 ELS에 관심을 가져보세요

"결혼자금 마련도 끝났는데 이제 좀 느슨해져도 되겠죠?"

"목돈이 좀 있는데 펀드를 하기에는 주식시장이 고점 같단 말이죠."

결혼연령이 늦어지면서 이른바 '골드미스'의 경우 결혼자금 마련이 이미 끝난 경우가 많다. 남자는 신혼집 마련의 부담 때문에 나이와 무관하게 결혼자금에서 자유로워지기 어렵지만, 여자들은 상대적으로 목표 결혼자금이 적다. 그렇다 보니 일정한 목돈을 마련하게 되면 재테크에 대한 열의가 줄고 다시 소비지출에 관심이 가기 시작한다. 또 목돈이 생겨도 어느 상품에 어떻게 투자해야 할지 잘 몰라 은행 입출금통장에 방치하는 경우도 많다.

거치식펀드를 하자니 저점이라는 확신이 안 든다. 최근만 해도 6개월째 박스권에서 등락을 거듭하고 있기 때문에 거치식펀드는 메리트가 적다. 그렇다고 은행에 맡기자니 금리가 영 탐탁지 않다. 현재 물가상승률을 감안하면 은행의 실질금리는 마이너스다. 목돈을 맡겨도 명목금액만 늘어날 뿐 실질가치는 떨어지는 셈이다. 안전한 채권형 상품도 은행권의 이자율이나 별반 차이가 없어 보인다.

다른 목돈투자 상품을 찾아보지만 만만한 것이 없다. 그래서 본의 아니게 재테크 휴지기에 접어드는 것이다. 그런데 이럴 때일수록 돈 쓸 궁리보다는 새로운 재테크 정보에 귀를 기울이면서 재테크 내공을 한 단계 더 끌어올리는 계기로 삼아야 한다.

요즘 목돈 재테크의 대세라고 할 만한 주가연계증권, 즉 ELS(Equity Linked Securities)에 관심을 가져보자. ELS는 국내나 해외의 주식시장에서 거래되는 주식이나 지수를 이용해 만든 상품으로, 주식과 지수라는 기초자산을 정해놓고 1년이나 3년 등 일정한 기간 안에 상품마다 정해진 조건을 달성하면 은행이자보다 높은 수익을 얻을 수 있다. 원금보장형 ELS에 가입하면 원금은 보장된다. 그렇지 않을 경우 큰 손실을 볼 수도 있는 파생상품이다. 물론 원금이 보장된다고 능사는 아니다. 하지만 '묻지마' 식이 아니라 상품을 제대로 알고 투자하면 수익을 올릴 가능성이 높은 상품이다.

ELS, 알면 보이고 보이면 돈이 된다

ELS는 먼저 상품의 구조를 이해하는 것이 중요하다. 2012년 5월 8~11일에 청약을 받은 동양증권의 '동양 MYSTAR 파생결합증권(ELS) 제2314호(아래 표 참조)'로 ELS의 수익구조를 이해해보자.

ELS는 만기까지 기초자산의 오르내림에 따라 수익이 결정되는데, 이 상품은 원금비보장형으로, 기초자산은 코스피지수 종목 중에서 시가총액 상위 1~200위 기업의 지수로 산출한 코스피200지수와 홍콩 시장에 상장되어 있는 중국 국영기업의 주식들 중 43개를 추려 지수로 산출한 HSCEI지수(홍콩H지수)다. 즉, 코스피200지수와 HSCEI지수가 오르내림에 따라 수익이 결정된다.

ELS는 보통 증권회사마다 원금보장형과 원금비보장형, 그리고 코스피200 등의 지수형과 삼성전자 같은 종목형을 조합해 매주 5~6개 정도 서로 다른 조건의 상품이 출시된다. 이 상품들 중에서 마음에 드는

항목		내용
종목명		동양 MYSTAR 파생결합증권(ELS) 제2314호 (고위험, 원금비보장형)
기초자산		KOSPI200 / HSCEI
청약기간	청약 시작일	2012년 05월 08일
	청약 종료일	2012년 05월 11일(13:00까지) (청약기간 이후 청약 취소 불가)

것을 골라 청약하면 된다. 적합한 상품이 없으면 한 주 더 기다려보자. 증권회사 홈페이지에서 각 상품의 내용을 조회할 수 있다.

ELS는 정해진 기간 내에 청약을 통해서만 투자할 수 있는데, 왼쪽 표의 상품은 2012년 5월 8일부터 11일 13시까지 청약을 받았다. 청약은 동양증권 창구에서 받는데, 대부분의 ELS가 인터넷으로도 청약이 가능하다. 모집금액은 100억 원이었다.

청약총액이 100억 원이 안 되면 청약한 금액대로 투자가 되고, 경쟁률이 높아 100억 원이 넘으면 청약금 비율에 따라 100만 원 단위로 배정한다. 이 상품에 1천만 원을 청약했는데 경쟁률이 10대 1이라면, 100만 원이 배정된다. ELS의 최소 청약금액은 100만 원이며, 100만 원 단위로 청약할 수 있다. 청약률이 저조해 청약총액이 10억 원 미만이면 청약이 취소될 수도 있다. 취소되는 경우 청약금은 전액 반환된다. 이 상품은 5월 11일 코스피200과 HSCEI지수의 종가로 기초자산의 기준가격이 정해졌다.

이 '동양 MYSTAR 파생결합증권(ELS) 제2314호'는 3년 만기 상품이다. 발행일로부터 6개월 후인 11월 8일부터 조기상환 평가를 시작한다. 첫 평가일인 11월 8일에 조기상환 조건을 달성하면 투자금과 수익을 조기상환하고 이 상품은 종료된다. 정해진 평가일마다 조기상환 조건을 달성하지 못하면, 3년 만기인 2015년 5월 8일 만기조건을 따져서 평가금액을 지급한다.

이 상품은 기간에 따라 조기상환 조건이 달라진다. 조기상환이 늦어질수록 최초 기준가격의 95퍼센트, 90퍼센트, 85퍼센트로 기준을 계속 낮춰 만기 전 조기상환 확률을 높여준다. 발행일로부터 6~12개월까지는 매달 정해진 조기상환 평가일에 기초자산인 코스피200과 HSCEI지수 둘 다 기초자산가격의 95퍼센트 이상이면 연 10.71퍼센트 수익률로 자동 조기상환된다. 13~24개월까지는 90퍼센트 이상, 25~36개월까지는 85퍼센트 이상이면 마찬가지로 연 10.71퍼센트(36개월 누적수익률 최대 32.13%)로 상환 완료된다.

이때까지도 상환이 되지 않으면 마지막 조건은 만기평가일인 2015년 5월 8일에 두 지수 중 하나라도 최초 기준가격의 85퍼센트 미만이고 (둘 모두 85퍼센트 미만이라도 상관없음) 두 지수 모두 발행일부터 만기평가일까지 최초 기준가격의 50퍼센트 미만으로 하락한 적이 한 번도 없을 경우에만 연 10.71퍼센트(3년 32.13%)로 상환되는, 조금은 더 어려운 조건이 설정된다.

여기까지는 성공 시나리오다. 모든 ELS가 이렇게 조기에 조건을 충족해 높은 수익률로 상환된다면 ELS투자를 안 할 사람은 없을 것이다.

그렇다면 실패 시나리오는? 조기상환이 안 돼 만기평가일에 두 지수 중 하나라도 최초 기준가격의 85퍼센트 미만이고, 발행일부터 만기평가일까지 하나라도 최초 기준가격의 50퍼센트 미만으로 하락한 적이 있을 때는 투자금액의 15~100퍼센트까지 손실을 볼 수 있다. 두 지수 중 만기평가금액의 하락률이 더 큰 것으로 손실을 결정한다. 예를 들어, 코스피200이 최초 기초자산가격 대비 45퍼센트 하락했고 HSCEI지수는 55퍼센트 하락했다면, HSCEI로 손실금액이 결정된다.

물론 100퍼센트 손실은 한국과 홍콩(중국 포함)이 망해서 주식시장이 기능을 하지 못하는 경우를 제외하고는 불가능하다. 만기평가일에 기초자산 중 평가금액이 더 나쁜 것이 발행일에 결정된 최초 기초자산가격보다 얼마나 더 떨어질지를 예상해 위험과 수익을 고려해서 투자에 대한 의사결정을 하면 된다.

ELS는 조건에 따라 수익과 손실을 비교적 정확히 알 수 있기 때문에 상품설명서나 투자설명서만 찬찬히 읽어보면 다른 투자상품에 비해 쉽게 투자할 수 있다. 하지만 기초자산과 조건에 따라 수익률 차이가 크므로, ELS에 투자할 때는 몇 가지 핵심요소를 정확히 이해해야 한다.

ELS는 잘만 투자하면 저금리시대에 좋은 대안이 될 수 있지만, 상대적으로 리스크도 크다. 펀드는 손실이 나더라도 만기가 특별히 정해져 있지 않기 때문에 손실을 회복할 때까지 기다릴 수 있지만, ELS는 만기시점에 손실이 나도 그대로 투자가 종료되기 때문에 특히 상품 선택에 신중을 기해야 한다. ELS에 투자할 때는 최소한 다음 다섯 가지 정도는 알고 상품을 선택하자.

하나, 기초자산이란 무엇인가?

기초자산으로는 코스피200 등의 지수형과 삼성전자 같은 종목형이 있다. 보통 한 가지 또는 두세 가지로 구성하는데, 두 가지로 구성하는 ELS가 가장 많다. 이때 대개 하나는 안정적인 기초자산을, 다른 하나는 변동성이 큰 기초자산을 선택해 구성한다. 발행회사 입장에서는 변동성이 큰 기초자산을 선택해야 수익을 내기가 쉽다. 지수형은 코스피200+HSCEI지수 또는 코스피200+S&P500 같은 형태로 결합하는데, 현재는 코스피200+HSCEI지수를 기초자산으로 하는 ELS가 가장 많다. 종목형은 삼성전자+KT&G 또는 현대모비스+SOil처럼, 상장회사들을 다양하게 결합해서 상품을 만든다.

일반적으로 기초자산의 가짓수가 적을 때 조건을 맞추기가 더 쉽다. 그래서 세 가지 기초자산으로 운용하는 ELS는 조건을 맞출 경우 제시하는 수익률이 더 높고, 손실 발생에 큰 영향을 미치는 최대 하락폭에 대해서도 여지를 더 많이 준다. 하지만 ELS에 처음 접근할 때는 가능하면 수익률이 낮더라도 상대적으로 조건 맞추기가 쉬운 상품을 선택하는 게 좋다.

과거 펀드가 과열되었을 때 금융회사들은 더 많은 상품을 판매하기 위해 물펀드나 와인펀드 등 이색적인 상품들을 개발해서 소비자들을 유혹했다. 하지만 결과는 대부분 좋지 않았다. ELS도 최근 경쟁이 치열해지다 보니 그런 과열현상이 보이는데, 잘 알지 못하는 지수나 종목을 기초자산으로 하는 ELS는 피하는 게 좋다.

둘, 원금보장형과 원금비보장형 중 어느 것으로?

ELS에는 원금보장형과 원금비보장형 상품이 있다. 일반적으로 원금비보장형 상품이 종류도 다양하고, 조건을 달성할 경우 수익률도 높다. 원금보장형 상품은 원금은 보장되지만 조건을 맞춰도 만기평가일의 기초자산가격에 따라 수익률이 별로 좋지 않은 경우가 많다. 원금보장형 상품을 고를 때는 수익률이 조금 낮더라도 조기상환형을 선택하는 게 낫다. 만기평가일의 기초자산가격에 따라 수익률이 결정되는 원금보장형 ELS는 가능한 한 만기가 짧은 게 조건을 맞출 확률이 높다. 1년 6개월보다는 1년 만기 상품의 위험이 더 적을 수 있다.

참고로, 원금보장형 ELS라도 예금자보호가 되는 것은 아니기 때문에 발행회사의 재무적 위험에 따라 원금을 못 받을 수도 있다. 따라서 재무적으로 튼튼한 회사에서 발행하는 ELS에 투자해야 한다.

셋, 지수형과 종목형 중 어느 것으로?

투자한 시점에서 만기까지 한 번이라도 -40~-60퍼센트를 넘어서면 손실을 보는 조건으로(하방배리어) 출시되는 ELS가 많은데, 지수의 경우 하방배리어를 넘어설 가능성이 낮지만 종목은 실제로 하방배리어를 넘어서기도 한다. 따라서 처음 투자할 때는 종목형보다는 지수형으로 투자하는 게 낫다. 또 수익률을 조금 낮게 제시하더라도 손실이 발생할 수 있는 기준점인 하방배리어를 더 낮게 설정한 상품을 고르는 게 좋다.

지수형도 하방배리어를 넘어서 손실이 발생할 가능성이 있다. 실제로 HSCEI지수는 14204.13(2010년 11월 12일)에서 8102.58(2011년 10월 7일)로 최고점 대비 42.96퍼센트 크게 하락했고, 더 거슬러올라가 2007년에는 글로벌위기로 최고점 대비 75.54퍼센트 하락한 일도 있다. 현재 발행되는 ELS의 지수형 상품 중에는 코스피200과 HSCEI지수를 기초자산으로 결합한 것이 많다. HSCEI지수는 변동성이 크고 시장규모가 작아서 매매에 문제가 발생해 큰 폭의 손실을 볼 수 있으므로, 투자할 때 유의해야 한다. 특히 아직 유럽의 재정불안 등 세계 경제위기가 완전히 진화된 것이 아니기 때문에 언제 큰 위험이 닥칠지 모른다.

넷, 발행주기와 투자 시점은?

먼저 ELS에 투자할 총금액을 결정하고 CMA에 돈을 넣어둔다. 매주 출시되는 상품들 중 좋은 것만을 골라 분할해서 투자한다. 예를 들면, 총액 1천만 원을 ELS에 투자하려고 마음먹었다면, 200만 원씩 쪼개서 좋은 상품만 골라 청약하면 된다. CMA에서 기본적으로 연 3퍼센트대의 이자를 받을 수 있으므로, ELS투자를 급하게 서두를 필요가 없다.

투자 시점을 달리하는 것도 위험을 분산해 전체 수익률을 관리할 수 있는 방법이므로, 한 번에 전액을 투자하는 것보다는 분할투자가 바람직하다. 투자한 상품에 따라 3개월이나 6개월 만에 조기상환되는 것도 있을 것이고, 만기까지 가는 것도 있을 수 있다. 돌려받은 투자금과 수익금은 재투자를 계속해나가면 된다. ELS에 투자할 총금액만 정해놓고 옛날 시골에서 보던 물레방아처럼 계속 투자를 해나가는 것이다.

다섯, 세금은 얼마나 내나?

ELS도 세후수익률을 감안해야 한다. 수익에 대해 15.4퍼센트의 세금을 원천징수하고 투자금과 수익금을 돌려준다. 일반적으로 ELS상품에 예시되는 수익률은 세전수익률이라는 것을 알아두자.

> ● ELS로 재테크의 진정한 재미 맛보기
>
> 1. 원금 보장만 중시하거나 한곳에 묶어두면 돈이 불어나지 않는다. 물레방아처럼 지속적으로 수익을 높일 수 있는 방법을 찾아 투자하고 재투자하는 습관을 길러야 한다.
> 2. ELS는 만기가 정해져 있기 때문에 상품을 잘 선택해야 낭패를 보지 않는다. 위험에 대한 고려 없이 수익률만 높은 상품을 골랐다가는 땅을 치고 후회할 수 있다.
> 3. ELS상품에 예시되는 수익률은 세전수익률이다. 당연히 세후수익률을 감안해야 한다. 수익에 대해 15.4퍼센트를 원천징수한다.

# 저자의 재테크 관련 사이트 즐겨찾기

　재테크를 잘하려면 무엇보다 정확하고 좋은 정보를 빨리 얻어서 바로 활용하는 게 중요하다. 재테크책이 원칙과 마인드를 일깨워주고 종합적인 시각에서 정보를 제공해준다면, 인터넷에서는 그때그때 필요한 단편적인 정보들을 실시간으로 얻고 확인할 수 있다. 그런데 인터넷의 경우 필요한 정보와 불필요한 정보가 섞여 있기 때문에 좋은 정보를 취사선택하기가 쉽지 않다. 정보를 찾아 서핑하느라 아까운 시간을 허비하기 일쑤다. 때로는 무분별한 블로그나 카페의 게시글을 믿었다가 큰 손해를 보기도 한다.

　재테크를 잘하기 위해서는 인터넷을 잘 활용할 필요가 있다. 신뢰할 만한 사이트를 발견할 때마다 즐겨찾기에 등록해놓고 관리하자. 아래 인터넷사이트는 평소에 내가 정보를 얻는 곳이다.

1 배려와 감동이 있는 '행복한 부자학교' http://blog.naver.com/clee20000

내가 직접 운영하는 네이버블로그. 재무설계와 재테크에 관한 생각들을 글로 정리해놓은 소통공간으로, 이 책을 읽고 궁금한 내용이 있다면 이 블로그를 통해서 나와 소통할 수 있다.

2 희망천사의 재무 설계이야기 http://cafe.naver.com/allforyouforall

희망재무설계가 운영하는 네이버카페. 사례별 재무처방, 전문가 칼럼, 금융상품 소개, 재테크·재무설계 질문게시판 등 다양하고 객관적인 재테크 정보를 얻을 수 있는 공간이다. 카페 회원으로 가입하면 희망재무설계에서 진행하는 특강을 무료로 수강할 수 있고, 무료로 재무상담을 받을 수 있는 기회도 있다.

3 제로인펀드닥터 http://www.funddoctor.co.kr

모닝스타코리아 http://www.morningstar.co.kr

펀드평가 정보를 제공하는 사이트. 펀드평가 정보를 통해 자신이 가입한 펀드나 새로 가입할 펀드의 성과를 확인해볼 수 있다. 펀드 선택이 어렵다면 추천펀드 메뉴를 이용해 좋은 펀드를 고를 수 있다. 그 외에도 펀드에 관한 다양한 리포트 및 정보가 있어서 펀드에 대해 체계적으로 공부할 수 있다.

4 모네타 http://www.moneta.co.kr

예금이나 적금에 가입할 때 최고금리를 찾는 메뉴부터, 금융계산기를 이용해 간단하게 예·적금 및 대출 등의 결과를 모의계산해볼 수 있다. 재테크에 대한 종합정보를 제공하며, 인터넷 미니가계부도 이용할 수 있다.

5 저축은행중앙회 http://www.fsb.or.kr

저축은행의 경영공시를 한눈에 확인할 수 있는 사이트다. 안전한 저축은행과 부실한 저축은행을 판단할 수 있는 정보를 제공한다.

6 금융투자협회 전자공시 서비스 http://dis.kofia.or.kr

기간별·펀드별로 수익률 공시자료와 펀드의 운용사 및 판매회사의 공시정보를 확인할 수 있다.

7 국세청 연말정산 자동계산 http://www.nts.go.kr/cal/cal_05.asp

연말 소득공제 환급금에 대해 모의계산할 수 있다. 소득공제 상품을 가입할 때 가입 전과 후를 비교해보면 적절한 가입금액을 결정하는 데 도움이 된다.

8 공동주택가격 열람 http://aao.kab.co.kr

국토해양부 공동주택가격 열람 시스템으로 아파트, 연립주택, 다세대주택의 공시가격을 확인할 수 있다.

9 투자를 배웁니다, 투자하는 법을 배웁니다 http://blog.naver.com/how2invest

주식, ELS, 채권 등 다양한 투자상품의 내용과 투자하는 방법 등을 초보자의 눈높이에 맞춰 친절하게 알려주는 네이버 블로그다. 하루에 5분만 투자해서 한 개의 포스팅만 읽어도 투자에 대해 쉽게 공부할 수 있다.

10 금융회사 홈페이지

경제신문에서 관심이 가는 금융상품을 발견했을 때는 지체없이 관련 금융회사의 홈페이지에 들어가 상품 내용을 확인해보는 습관을 들이면 금융IQ가 쑥쑥 높아진다.

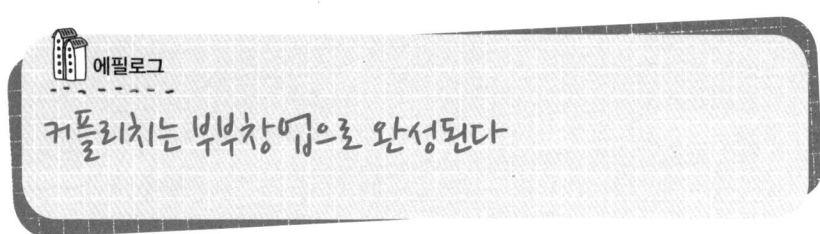
에필로그
커플리치는 부부창업으로 완성된다

원고를 거의 마무리할 무렵이었다. 오랜만에 대학후배를 만나 술잔을 기울이며 이런저런 사는 이야기를 하다가 술이 확 깰 정도로 정신이 번쩍 드는 이야기를 들었다. 요즘 이 책을 쓰면서 결혼과 젊은 부부 이야기에 빠져 있었던 탓에 후배가 들려준 커플의 이야기에 솔깃할 수밖에 없었다.

얼마 전 돌잔치를 한 부부 이야기였다. 몇 년 전 그들의 결혼준비는 지인들이 보기에도 상당히 놀라웠다고 하는데, 집들이 가서 본 그들의 신혼집은 놀랍다 못해 파격적이기까지 했단다.

이 커플은 결혼자금이 턱없이 부족했다고 한다. 아파트 전세보증금은커녕 다세대주택 전세도 겨우 마련할 수 있는 정도였다. 그들이 결국 집을 구하지 않았다는 말에, 내가 대뜸 "그럼, 부모님 댁에 들어가서 사는 모양이지?" 하고 물었더니, 후배가 너무나 뜻밖의 대답을 내놓았다. 다세대주택 전세보증금으로 변두리 주택가에 상가를 구했다는 것이었다. 꽤 많은 커플을 상담해왔지만 신혼살림을 상가주택에서 시작했다는 이야기는 난생 처음이었다.

부부는 허름한 상가주택 중 비어 있는 1층 상가를 임대해, 안쪽에 방을 하나 들여서 신혼방을 만들었다고 한다. 100제곱미터(약 30평)쯤 되는 공간의 1/3을 방과 싱크대, 샤워부스로 겨우 마련한 다음, 나머지 공간에 옷가게를 차린 것이다.

이들이 옷가게를 오픈한 건 순전히 아내의 남다른 패션감각과 옷에 대한 관심 때문이란다. 그녀는 직장생활을 할 때도 워낙 옷을 좋아해서 동대문시장을 속속들이 꿰고 있을 정도였는데, 결혼과 함께 직장을 그만두면서 취미와 특기를 살려 옷가게를 시작한 것이다. 집들이는 당연히 그 가게에서 했다. 집들이 겸 옷가게 오픈식이 된 셈인데, 초대받은 친구와 동료들은 기꺼이 옷을 골라 한두 벌씩 사갔고, 그로써 그들의 옷장사는 무난하게 시작되었다.

부부는 디스플레이와 수납에도 남다른 감각이 있었기 때문에, 옷가게와 신혼방은 비록 작고 초라했지만 아기자기하고 세련되어서 동네 주민들의 관심과 눈길을 끌기에 충분했다. 그래서 직장에 다닐 때 받던 월급보다 조금 많은 정도의 수익을 올릴 수 있었다고 한다.

이 부부의 신혼 이야기는 나만 알고 있기에는 아까웠다. 이 지혜로운 커플은 창업과 신혼집 문제를 한꺼번에 해결했다. 남의 이목 때문에 빚 얻어 치장하고, 오래오래 그 뒷감당을 하며 돈걱정에 시들어가는 전시 커플과 달리, 가게 안쪽에 방을 만들어 신혼을 시작한 이 실속커플의 이야기를 더 많은 사람에게 알려주고 싶었다.

얼마 전 그들은 아파트에 입주했는데, 아이의 돌잔치에 신혼 때 집들이에 왔던 지인들을 다시 초대했다고 한다.

"사실 집들이 때는 차마 못 물어봤어요. 무슨 사연이 있는 게 아닌가 싶어 그냥 옷만 사갖고 왔죠. 그런데 얼마 전에 돌잔치를 한다고 해서 갔다가…… 와, 깜짝 놀랐어요. 그사이에 돈을 많이 모은 것 같더라고요. 그래서 가게에 딸린 방에서 신혼살림 시작할 생각을 어떻게 했느냐고 물었더니, 신혼 때 아니면 언제 또 그렇게 해보겠냐고, 대수롭지 않게 대답하더라고요. 그때 그 방엔 창문도 없었던 것 같아요. 저 같았으면 노상 싸웠을 텐데, 말다툼 한 번 안 하고 살았대요. 방이 하나밖에 없어서 각방을 쓸 수도 없었다나, 하하! 저녁에 가게 문 닫고 부부가 가게 소파에 앉아 맥주 한잔 마시면서 하루 영업 결산도 같이 했다는 이야기를 들으니까, 그런 신혼생활도 나중에 좋은 추억이 될 수 있겠구나 싶어 부럽더라고요."

부부는 훗날 남편이 직장을 그만두면 옷 도매상을 해보려고 구상중이라고 한다. 옷을 만드는 것도 중요하지만, 보세옷 유통을 좀더 합리적으로 하면 마진을 높일 수 있을 거라고 생각한단다.

이들의 신혼준비도 멋진 사례지만, 이들이 준비하고 있는 부부창업 이야기 또한 새겨들을 만하다. 많은 직장인이 장래와 노후에 대해 불안해하면서도 정작 제대로 준비하고 있는 경우는 드물다. 물론 돈을 많이 모아두는 것이 가장 중요한 은퇴준비겠지만, 그 못지않게 중요한 것이 계속 일을 할 수 있고 지속적인 수입원을 유지할 수 있는 환경을 준비하는 것이다.

여러 가지 방법이 있겠지만, 가장 권하고 싶은 것은 부부가 함께 일을 하는 것이다. 서로에 대해 가장 잘 알고, 자녀들도 성장한 후라 아내도 시간을 많이 낼 수 있는 여건이기 때문에, 중년 이후 노후까지 함께 일을 하는 것은 가정의 화목을 위해서도 좋은 일이다.

삼성생명 은퇴연구소가 '서울대 노년 은퇴설계 지원센터'와 공동으로 개발한 '레인보우 은퇴준비지수' 결과를 보니, 우리나라 국민의 평균 은퇴준비 점수는 58.3점에 불과했다. 이는 '은퇴를 착실히 준비하고 있는' 상위 10퍼센트 집단(77.1점)에 비해 많이 모자라는 점수다. 상위 10퍼센트를 뺀 나머지는 은퇴준비를 착실히 실천하지 못하고 있다는 이야기다.

준비 없이 생각보다 훨씬 이른 나이에 은퇴하게 될 경우, 본인과 가족이 겪게 되는 고통은 이루 말할 수 없다. 그렇다고 한창 일하는 재미에 빠져 있어야 할 젊은 나이에 은퇴 이후에 대한 걱정이나 하고 있는 것도 참으로 답답한 노릇이다.

바로 그렇기 때문에, 신혼여행을 비즈니스 출장으로 삼은 지수 씨 커플이나 신혼집에서 창업을 시작한 앞의 커플 이야기에 귀를 기울여야 하는 것이다. 이들의 한 발 앞선 행보는 불안에 휩싸인 노후걱정이 아니라, 씩씩하고 희망에 찬 미래설계다. 두 커플의 사례를 참고해서, 돈걱정에 떠밀린 은퇴준비가 아니라 활기찬 인생 후반을 위한 새로운 미래설계도를 신혼 때부터 그려보자.

커플리치의 꿈을 이루어줄
재무설계 상담권

신청방법

1. 희망재무설계 홈페이지(www.hee-mang.com) 또는 전화(02-3789-2720)를 통해 재무상담을 예약하세요.
2. 희망재무설계 재무컨설턴트와 상담일정을 잡으세요.
3. 상담시 이 쿠폰을 제시하면 무료로 재무상담을 받을 수 있습니다.
4. 결혼할 배우자와 함께 혹은 본인이 아닌 배우자 상담도 가능합니다.

이름 :

나이 :

연락처/이메일 :